Inhalt

Einleitung

Die Mittel, um über das Sehorgan des Menschen etwas mitzuteilen, sind Bild und Schrift. Die prinzipiellen Unterschiede zwischen beiden hat Lessing vor 150 Jahren in seinem „Laokon" eindeutig abgehandelt. Das Bild ist immer ein Querschnitt und gibt infolgedessen einen Zustand wieder. Die Schrift bezw. das Wort schildert hingegen Vorgänge. Es handelt sich hierbei also um eine Art Verteilung von Zeit und Raum. Während das Bild als Komplex, als Gesamtheit Raum darstellt, ist die Schrift, das Wort, das Geschehnisse vermittelt, „etwas abhandelt", ein Element der Zeit. Lessing bereits hat dem Sinn nach schon erfaßt, daß demnach es sich bei der Schrift rein um Wiedergabe von Funktionen bei dem Bild rein um Wiedergabe von Objekten dreht.

In dem Beschauer, der ein Bild betrachtet, das auf ihn also wie ein Lichtkegel einfällt, werden nun gewisse Bewegungen ausgelöst. Zunächst der Gedankengang, was stellt das Bild dar. Also eine Analyse des Bildes, des dargestellten Objektes. Ein Objekt also löst im Beschauer eine Funktion aus.

Im Gegensatz hierzu die Schrift bezw. das Satzgebilde. Der Leser weiß nicht, was kommt. Er verhält sich zu dem, was er liest, passiv, wird sozusagen überrumpelt. Es entstehen in ihm Bilder, Eindrücke optischer oder gefühlsmäßiger Natur. Eine Funktion (durch das Wort bezw. die Schrift vertreten, übrigens auch durch die Musik und den Film) löst dem Beschauer die Vorstellung von Objekten aus. Man kann dementsprechend eine Handlung in eine Reihe von Bildern auflösen (die Passionsgeschichte in 10 „Stationen"). Es handelt sich dann um Querschnitte durch die Handlung, an Hand deren das funktionelle Denken des Menschen die Verbindung leicht zu schaffen im Stande ist. Dieses Raster einer Handlung kann natürlich dichter und dichter werden. (Vergleiche Wilhelm Busch's Bücher, z. B. die Morgentoilette aus der „frommen Helene"). Das engste Raster, die engste Auflösung der Handlung im Bild ist der Film. Der Film ist bildinterpretierte Funktion. Der Schrift nahe verwandt: Die Schrift ist eigentlich nur ein Film aus Symbolzeichen.

Seiten aus einem Buch über Stuhlkonstruktionen („Der Stuhl" von
H. und B. Rasch). Eine Ableitung. Es wird gezeigt, wie sich eine
Konstruktionsform aus der anderen entwickelt. Der Inhalt ist dementsprechend funktionell aufgebaut: ein durchlaufender Text mit
erläuternden Bildern, wie ein Film Oben ein horizontales Band
mit Zeichnungen ermöglicht schnelles Finden des entsprechenden
Abschnittes.

Notwendig ist, sich darüber klar zu sein, ob man Gegenstände oder Handlungen mitteilen will. Man wird Gegenstände grundsätzlich durch
Bilder, Handlungen grundsätzlich durch Worte, d. h. Schrift wiedergeben. In unserer Zeit der Rationalisierung, wo man jedoch auf größtmöglichste Kürze der Mitteilung bedacht sein muß, wird man sich aber
nicht mit einer allgemeinen Wiedergabe einer Handlung durch Worte, eines
Objekts durch Bilder begnügen, sondern untersuchen, ob nicht inner-

Aus dem Prospekt einer Lackfabrik. Bilder aus dem Laboratorium
und aus der Praxis, die für sich betrachtet sein wollen. Text er-
läutert sie. Bilder sind über den Rand hinausgedruckt, der Leser
steht dadurch mit im Raum des Bildes.

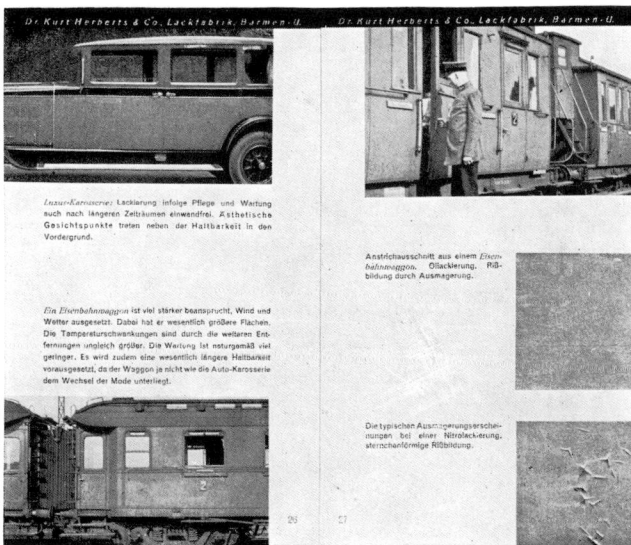

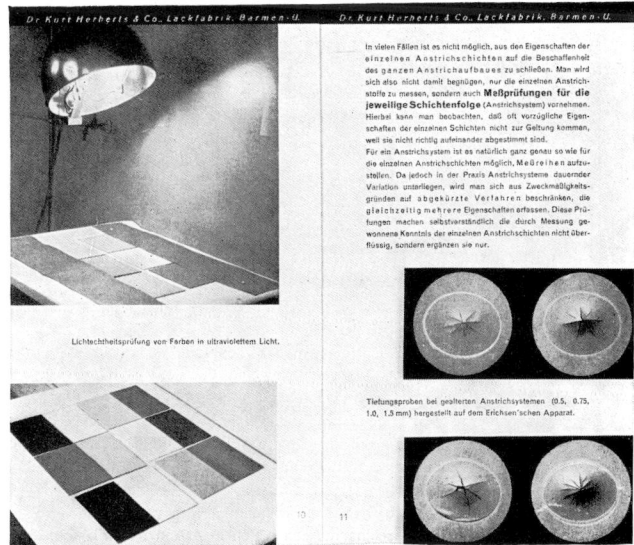

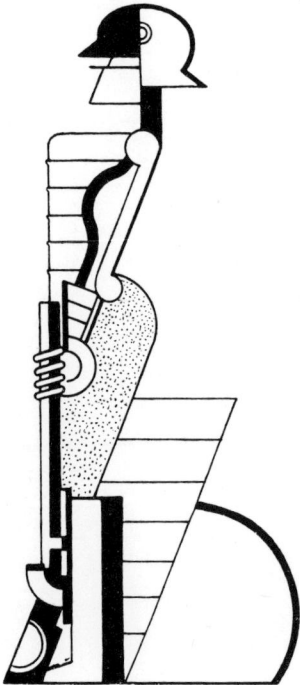

halb der Handlung Objektvoraussetzungen enthalten sind, die am besten, schnellsten und eindruckvollsten durch B i l d e r wiedergegeben werden, andererseits: wo nicht bei einem Bild gewisse F u n k t i o n s v o r a u s s e t z u n g e n vorhanden sind, die der Betrachter nicht selbständig oder nur schwer selbständig finden kann, und diese durch Worte wiedergeben. Also einfach gesprochen: Bilder werden durch Texte unterstützt, Texte werden durch Bilder unterstützt. Diese Vermischung von Bild und Wort ist das Haupttätigkeitsgebiet der Werbegestaltung.

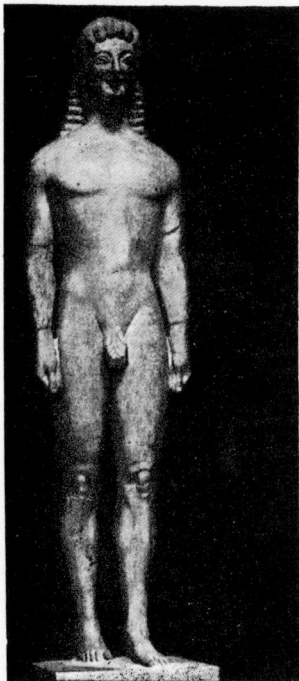

Das Bild

Bei der Abbildung eines Objekts hat man es mit einer erstarrten Form zu tun, mit einem Querschnitt, der einen u n e n d l i c h kleinen Zeitraum eines Geschehnisses umfaßt, daher aber auch z e i t l o s, d. h. unendlich sein muß. Den „Apoll von Tenea" kann sich der Beschauer immer wieder stundenlang ansehen, ohne daß er tot zu sein scheint. Das analysierende funktionelle Denken des Beschauers macht ihn im Gegenteil erst lebendig. Sein suchendes Auge entdeckt und spielt. Anders eine Momentaufnahme aus einem Rennen. Sie ist faktisch ein reiner F u n k t i o n s ausschnitt, von einem derartig starken Grad der Handlung, daß bei längerem Anschauen man das Gefühl der Erstarrung erhält. Nur ein momentaner Blick, ein kurzes Sehen vermag einen Eindruck der Situation hervorzurufen. Zwischen Bildern und Bildern bestehen also Unterschiede. Auf der einen Seite die Plastik des „Apoll von Tenea", auf der anderen der Kinofilm.

Das Bild, das „für sich spricht", muß zeitlos sein, außerhalb einer Handlung. Die Handlung muß sozusagen in ihm liegen, d. h. das Funktionelle Denken des Beschauers muß in Aktion treten.
Der „Apoll von Tenea" ist vom zeitlichen Geschehen abstrahiert, typisiert. — Ein modernes Beispiel für ein derartiges Bild, das den Eindruck einer Spannung vermittelt und das funktionelle (analysierende) Denken des Beschauers in Tätigkeit versetzt, ist der Soldat (Zeichnung für eine Typografie „Der gerüstete Gedanke"). Man hat das Gefühl, als ob dieser Kriegsmaschinenmensch gleich in Aktion treten könnte.

Ohler Photos Stuttgart Tübingerstr.20.T.20081

Der Bildausschnitt ist durch den Sehrahmen der Augen bedingt. Dieser ist (wie die Iris einer Kamera) größer oder kleiner, je nachdem, ob wir den Gegenstand mehr oder weniger „aufs Korn nehmen". (Tatsächlich schrumpft er über dem Visier der Flinte zu einem Punkt zusammen). Bei einem Bild kommt es darauf an, sich nur auf das zu beschränken, was man mitteilen will. Der Maler zeichnet nur das auf, was er mitteilen will, läßt das andere von vornherein weg, das hat er dem Fotografen voraus. Der Fotoapparat nimmt natürlich auch vieles auf, was zufällig in der Umgebung des Blickzieles liegt, was man in Wirklichkeit gar nicht oder nur nebenbei gesehen hat, was nicht zur Sache gehört.

Das kann man aber wegschneiden. Es kommt bei einem Bilde auf nichts anderes an, als den Beschauer in nahe persönliche Beziehung zum Objekt zu bringen, sein Auge auf die entscheidende Stelle zu konzentrieren (also z. B. bei einer Maschine: auf eine Schraube, einen Kolben oder auf die ganze Maschine in der Wirkung ihrer Silhouette). In der Idee muß die Kamera identisch sein mit dem Auge des Beschauers.

Alles was nicht „zur Sache gehört", was „Milieu" und „persönlich" ist, lenkt das Auge ab und damit auch die Gedanken. Darum wird man bestrebt sein, das (zufällige) „Persönliche" auszuschalten und dem Auge nur das Wesentliche zu bieten. Dieses Wesentliche d. h. das absolut Sachliche ist immer typisch, allgemeingültig. (Typisierung ist Ziel aller Entwicklung.) Eine Hand, ein Mund, eine Schraube für sich betrachtet ist der Form, der Art nach etwas typisches. Konzentrierung (eigentlich Übersteigerung des Individuellen) ist Typisierung. In Baumeisters Bild von dem Kraftathleten (S. 21) ist als „typisch" nur die Brust und der muskulöse Arm übrig geblieben, Kopf, Gesicht, Hände, Beine sind persönliches Beiwerk, gehören nicht zum sachlichen Inhalt des Bildes. Sie würden vom Eigentlichen auf das Nebensächliche ablenken. - Der Ausschnitt des „Typischen" gibt die Jllussion, daß alles typisch ist, die Fantasie ergänzt, ist beschäftigt. Und die Fantasie will angeregt und beschäftigt sein. Alle Reklame sucht den Menschen neugierig zu machen, d. h. seine Fantasie dazu veranlassen, in Tätigkeit zu treten, sich mit ihr zu beschäftigen. Kitsch ist nichts anderes als Verschleierung einer Sache durch Dinge,

Die beliebtesten Exemplare einer Glanzpostkartenserie. Die Sache (durch die Unterschrift bezeichnet) verschwindet hinter Unsachlichem.

die nicht dazu gehören oder für sie entbehrlich sind. — Man kann nun verschiedene Bildausschnitte zu neuen Inhalten zusammenstellen (Fotomontage). Dabei kommt es nicht auf perspektivische Genauigkeit an, sondern nur auf das Inhaltliche. Unser Auge sieht gar nicht so genau, (Primitive Kinderzeichnungen sind ganz sachliche Mitteilungen und für unser Auge wirklichkeitsgetreu.). Die Fotomontage macht unabhängig von Situationen. Das ist ihr Vorteil. Es ist ein Zufall, wenn eine Person in richtiger Umgebung fotografiert ist, wenn Belichtung, Hintergrund, wenn alles zusammenstimmt, so daß nichts von dem Bilde fehlen dürfte (wie bei Baumeisters „Doppelbrücke" S. 20 oder „Juist" S. 56). Fotomontagen sind kleine Filme in der Fläche. Das Auge muß spazieren laufen. Ein Schritt zum Funktionellen. Besonders der Kinofilm arbeitet mit den Mitteln der Montage. Bildausschnitte wechseln in rascher Aufeinanderfolge. Der Russe Dziga Werthoff montiert z. B. seine Filme lediglich aus „Wirklichkeitsaufnahmen": Ein Klavierspieler, eine lachende Bäuerin, ein Autounfall, eine Geburt, ein Unglück u. a., alles zu einer Filmnovelle zusammengestellt, aufregend durch die Wirklichkeit. Schließlich sei noch erwähnt die Montagenovelle, (aus aktuellen Zeitungsberichten und Nachrichten neue Inhalte zusammengestellt) und die Montagemusik (z. B. Rythmus des fahrenden D-Zuges, Schreien des Kindes, das Wiehern eines Pferdes, Glockenläuten, Sensendengeln, Klirren von Maschinen, alles zusammengestellt, Lautdichtungen (aus Sprachlauten).

Die Schrift

←⏌

163 92 . . . . לבי במזרח ואני בסוף מערב
145 50 . . . . לבי עמוד כי מי בסוד .

15 或るホテルの裏——「表現は廣場には ない。。同時に餘分な附加はない。 明瞭、非肉慾的、事實的。 單に窓、そこに必要がある、それから非常

Unsere Schrift läuft von links nach rechts, das ist ein reiner Zufall, die hebräische Schrift läuft von rechts nach links, die japanische von oben nach unten. Für die Typographie ergibt sich jedoch aus der Lesrichtung der Aufbau des Satzes (besonders bei Verschmelzung von Schrift und Bild. Die Schrift ergibt einen eindeutigen Raum. Was ist damit gemeint? Wenn ich mich in einem Zimmer befinde und in das Zimmer hineinsehe, dann erfaßt mein Auge den Raum insgesamt bis zur hintersten entfernt liegenden Raumgrenze, da wo es eben nicht weiter geht (als Bild). Hier, im räumlichen Blickziel, fängt der Raum für mich an. Von hier aus stelle ich tastend und schätzend fest, wie groß der Raum zwischen mir und der hintersten Grenze ist. Aiso z, B. eine Kompagnie Soldaten, die angetreten ist: Mein Auge durchfliegt die ganze Reihe, gewinnt zuerst einmal einen Masseneindruck, eine Gesamtübersicht, dann klettert es zurück nach vorne und zählt. — Oder: Ich suche eine Straßenbahn zu erreichen: zuerst fasse ich den Wagen ins Auge als mein Ziel und schätze dann erst die Entfernung. Oder: ich nehme einen Roman zur Hand und möchte mich über den Umfang des Lesestoffs vergewissern: ich blättere ihn von hinten nach vorne durch, ich suche mir zuerst das entfernteste Ziel, den Schluß, um über den (räumlichen) Umfang des Buches ein Bild zu bekommen. Ein Raum wirkt auf das Auge also zunächst als Bild ein, das Auge gewinnt erst das Blickziel als hinterste Grenze und kontrolliert dann den Raum, indem es ihn funktionell von hinten nach vorne abliest. Genau so ists mit der Schrift!

Das Gesagte wird ohne weiteres klar aus der Abbildung des Kaufhauses, bei der durch den Vorbau hinten der Raum begrenzt ist, von hier liest das Auge rückwärts schreitend die Einzelheiten des Bildes sowohl wie die Schrift.

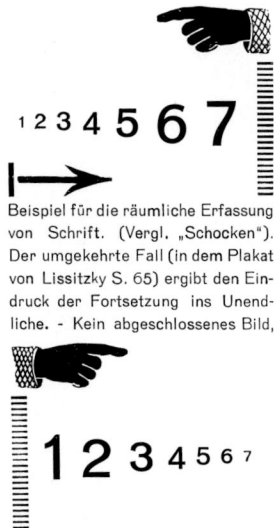

Beispiel für die räumliche Erfassung von Schrift. (Vergl. „Schocken"). Der umgekehrte Fall (in dem Plakat von Lissitzky S. 65) ergibt den Eindruck der Fortsetzung ins Unendliche. - Kein abgeschlossenes Bild,

Die vordere Begrenzung rechts nennen wir „vordere Augengrenze" (oder Standpunkt). Von hier sieht man nach links (oben) in die fernste Raumgrenze d. h. zum Anfang des Textes („hintere Blickgrenze"). Es ergibt sich daraus, daß die „vordere Augengrenze" eines Satzbildes möglichst beim unteren und rechten Papierrand abschließen soll, denn sie ist mit dem Standpunkt des Beschauers identisch. Man wird auch die hintere Blickgrenze immer so nah wie möglich wählen, um dem Auge lange Wege zu ersparen. Z. B. wird man einen kleinen Text auf einer großen Seite unten rechts in die Ecke setzen.

Also: alle fortlaufenden Textzeilen müssen links anfangen. Sie gehören für das Auge zum gleichen Raum. Wären sie „links angerückt" (d. h. bei der vorderen Augengrenze), so müsste das Auge für jede neue Zeile wieder eine neue hintere Raumgrenze aufsuchen. Die Räume hätten keinen Zusammenhang (siehe Beispiel). Zusammengehörige Satzbilder müssen immer rechts und unten angerückt sein. In diesem Buch sind jeweilig zusammengehörige Satzbilder: Name des Verfassers, persönliche Angaben, Text. Nach der Zeilenlänge orientiert sich die Grösse des Zeitungsblattes, des Buches usw. Kleine Schrift erfordert kürzere Zeilen als große Schrift. Es ist notwendig, daß man beim Lesen einer Zeile am Schluß der Zeile noch den Anfang der Zeile erkennen kann, um die nächste Zeile wieder zu finden. Die Länge einer Zeile ist also eine praktische Erfahrungsübung des Auges.

„Haben Sie ihn gesehen?"
„Nein,"
„Warum meinen Sie, daß er es war?"
„Ich vermute es."
„Können Sie Ihre Vermutung begründen?"
„Gewiß."
„Dann bitte."

„Haben Sie ihn gesehen?"
„Nein."
„Warum meinen Sie, daß er es war?"
„Ich vermute es."
„Können Sie Ihre Vermutung begründen?"
„Gewiß."
„Dann bitte."

Arbeitsvorschrift **B**

Nitropon-Lackierung auf gewöhnlichem Blech, das gespachtelt werden muß.

Arbeitsgang **1**

Nach sorgfältiger Entrostung und Säuberung der Flächen erfolgt vermittels Pinsel oder Spritze ein Auftrag von Nitropon-Isolierfarbe grau die bei normaler Temperatur eine Trockendauer von etwa 6 Stunden beansprucht und am besten über Nacht stehen gelassen wird. Die Trocknung kann auch im Ofen erfolgen und geht dann entsprechend rascher von sich. Vor dem Auftrag unserer Nitropon-Isolierfarbe empfiehlt sich bei sehr guten Arbeiten ein Einreiben mit Nitropon-Hauch vermittels eines Lappens. Dieses Einreiben dient zur Unschädlichmachung von Säureresten Schweißflecken usw und ist insbesondere dann sehr wertvoll, wenn unmittelbar nach dem Entrosten aus irgendwelchen Gründen nicht sofort weitergearbeitet werden kann

Arbeitsgang **2**

Die nunmehr einsetzende Spachtelung erfolgt in üblicher Weise und zweckmäßig so, daß Streich- oder Spritz-Spachtel- und Messer-Spachtel-Schichten einander abwechseln. Zum Streichfähig- bzw. Spritzfähigmachen liefern wir entsprechende Nitropon-Spachtel-Verdünner. Jeder Spachtelauftrag bedarf entsprechender Trockenzeit, die durch erhöhte Temperatur entsprechend abgekürzt werden kann. Die Spachtelung hat so oft zu erfolgen, bis die gewünschte Fläche vorhanden ist. Unser Nitropon-Spachtel zeichnet sich aus durch ungewöhnliche Geschmeidigkeit und Füllkraft. Er läßt sich trotz ungewöhnlicher Härte leicht schleifen und besitzt eine hohe Elastizität.

Arbeitsgang **3**

Der sehr rasch erhärtende Nitropon-Spachtel-Auftrag wird nunmehr in üblicher Weise mit Bimsstein und Wasser und zum Schluß zweckmäßig noch mit feinem, wasserfestem Schleifpapier feingeschliffen

Frachtbeförderung
Auf allen Strecken wird Luftfracht befördert. Die Beförderungsbedingungen und die Tarife werden in den „Nachrichten für Luftfahrer" Verlag Gebr. Radetzki, Berlin SW 48, Friedrichstr. 16, veröffentlicht. Nähere Auskünfte erteilen die Fluglleitungen der Luftverkehrsgesellschaften. Siehe auch Seite
20
Vormerkgebühr
Die Vormerkgebühr ist bei den innerdeutschen sowie den vom Inland nach dem Ausland führenden Strecken, soweit der Dienst ganz oder teilweise durch die Deutsche Luft Hansa A. G. ausgeführt wird, im Flugpreis einbegriffen und schließt die Erhebung weiterer Telephon- und Telegrammspesen aus. Flugscheinverkaufsstellen in Orten, die nicht dem Luftverkehr angeschlossen sind, können die Kosten des Telephongespräches zur Endbuchungsstelle dem Fluggast in Anrechnung bringen. Gebühren für Platzbelegungen auf Strecken, die ausschließlich von einer anderen Luftverkehrsgesellschaft als der Deutschen Luft Hansa A. G. geflogen werden, gehen zu Lasten des Bestellers.
Aenderungen
der Flugpläne, Flugpreise usw. bleiben vorbehalten und werden durch die „Nachrichten für Luftfahrer" veröffentlicht; außerdem sind sie bei den Flugleitungen und Reisebüros zu erfahren.
Zeit
Die Stunden werden von Mitternacht bis Mitternacht von 0—24 durchgezählt. Bei den ins Aus-
10

3 Beispiele für „links" und „rechts" angerückten Satz. 1. Prinzipienbeispiel (siehe Text oben). 2. Seite einer Arbeitsvorschrift. 3. Seite aus dem Reichsluftkursbuch; die letzte Zeile der einzelnen Absätze ist ohne Grund links angerückt (Gegenbeispiel).

AUSSTELLUNG KARLSRUHE
DAMMERSTOCK - SIEDLUNG
DIE GEBRAUCHSWOHNUNG

ausstellung karlsruhe dammerstock-siedlung die gebrauchswohnung	drahtwort dammerstock-karlsruhe	fernruf karlsruhe 5380 rathaus	
ihre zeichen	ihre nachricht vom	unsere zeichen bitte bei antwort angeben	karlsruhe, den

WA
Werkkunst
Arche

15.-31.Mai
1923

Schaufenster
in der Langestr

Die Fraktur (Schreibschrift der Mönche im Mittelalter) ist eine verbundene Schrift. Die Buchstaben verschmelzen zu Bildern. Das „WA" Plakat ist eine Frakturvereinfachung. Eine Fraktur ist auch die rechteckige Schrift von Schwitters („Siedlung Dammerstock). Die einzelnen voneinander stark unterschiedenen lateinischen Buchstaben sind in grafische Übereinstimmung gebracht und wirken nicht mehr als einzelne Zeichen.

Ein Pferd auf der Straße sieht man mit e i n e m Blick, man erkennt: das ist ein Pferd. Will man aus dem Gedächtnis das Pferd auf Papier zeichnen, merkt man, daß man es nicht kann: man hat das Pferd im Moment erfaßt, aber nicht die Konturen des Pferdes. Um dies zu tun, hätte man das Bild auflösen, die Konturen lesen und erfassen müssen (siehe S. 4.) Funktionell ist die Herstellung einer Zeichnung, das Ergebnis ist ein Bild. Funktionell ist auch die Herstellung der Schrift, das Ergebnis ist ein Bild.

Innenausbau fertig war. Denken Sie bitte einmal über die Sache nach und geben Sie mir Nachricht nach Berlin.

Die ausgeschriebene Handschrift gibt die Worte nicht in buchstabenweiser Deutlichkeit wieder, sondern sie vereinfacht, zieht zusammen. Die Worte werden als Bilder gesehen und erfaßt. Manchmal geht der Sinn eines Wortes nur aus dem ganzen Satz hervor. In diesem Sinne ist auch die Stenographie eine Vereinfachung, bei der sich aus dem Gesamtbilde eines Linienzuges das Wort ergibt und manche Worte erst im Zusammenhang des ganzen Satzes gelesen werden können. Die Fraktur ist eine Schreibschrift, die die Mönche im Mittelalter nach den überlieferten Schriften so schrieben, daß die Buchstaben in passende Zusammenhänge kamen, die Worte als Bilder erschienen. Gegenüber der lateinischen Druckschrift, bei der die Worte in längst nicht so ausgeprägter Weise Bilder ergeben. Die lateinische Schrift, die für jeden Buchstaben ein in sich abgeschlossenes klares Zeichen besitzt, muß gelesen und buchstabiert werden wie die Noten in der Musik.

Die Weiterbildung der lateinischen Schrift hat lediglich den Sinn, sie noch f u n k t i o n e l l e r zu gestalten. Dies ist geschehen in dem Versuch von Tschichold. Wenn man an Noten denkt, die eine klare und mannigfaltige Musik mit den ganz einfachen Hilfsmitteln schwarzer oder leerer Köpfe und fünf Linien darstellen, wird man Möglichkeiten ersehen, auch die Schrift im funktionellen Sinne noch weiter zu vereinfachen, zu abstrahieren. Eine ganz reine Funktionsschrift sind die Morsezeichen. — Bei der Funktionsschrift spielt es an sich keine Rolle, ob die Schrift von vorne oder von hinten, von oben oder von unten gelesen wird. Es wäre denkbar, die reine Funktionsschrift der Zukunft so zu konstruieren, daß sie beliebig von oben nach unten, unten nach oben, rechts nach links und links nach rechts zu schreiben und zu lesen ist. Die Richtung müßte dann gekennzeichnet werden. Z. B. könnten die Schriftzeichen selbst stark richtungweisend ausgebildet sein und man könnte sie dann nach links und nach rechts verwenden (d. h. Original und Spiegelbild). Eine Universalisierung der Schrift!

Die Funktionsschrift erfordert in der Konsequenz Kleinschreibung. Die Groß- und Kleinschreibung ist bildmäßiger, bei der heutigen noch nicht rein funktionsmäßigen Ortografie für das Auge leichter erfaßbar. Daher

reihenfolge nach porstmann

a b   D E ε   f g κ   h i j l m n o ö

| a | b | c = TS | d | ẹ (in meer) | kurz-ä (in selbst) | f | g | für k und q | h | i | j | l | m | n | o | ö |

p ſ S ſ   T U Ü   V

ſ (unfertig — unterscheidet sich zu wenig vom r und ist jetzt nur im zusammenhang der zeile erkennbar)

| p | q = K | r | s,ss | sch (in schon) | | t | u | ü | deutsches v = f | w | x = KS | y = i oder ü |

ɀ ŋ ʓ   • , ′   > <

| ɀ = TS | ch (in ich) | ch (in ach) | ng (in lunge) | punkt | komma | anführungszeichen |

lange vokale werden mit dem dehnzeichen versehen, jedoch nur in zweifelsfällen, in fremdwörtern und in eigennamen, und nur wenn notwendig:

a ε (E)   i o ö u ü

| ah | äh | ẹ (ohne dehnzeichen, da stets lang) | i | oh | öh | uh | üh |

kürze der vokale kann mit einem punkt bezeichnet werden:

a (ε)   i o ö u ü

| a | ä (immer kurz) | i | o | ö | u | ü |

für DEN NOIEN MENſEN EKSISTIRT NUR
das glaihgeviht TSVIſEN NATUR UNT
gaist· TSU JEDEM TSAITPUŋKT DER
fergaŋENHAIT VAREN ALε VARIATSJO-
NEN DES ALTEN ›NOI‹· aber εs var
NIHT ›das‹ NOIε· vir DÜRfEN NIHT
fergEsEN′ das vir an aineſ vENDε DEſ
KULTUſ ſTEHEN′ am ENDε alεs ALTEN·

Versuch einer neuen Schrift von Jan Tschichold nach dem fonetischen Alphabet von Porstmann. Die Schrift kann noch nicht als „universell" angesprochen werden. Dazu müßten die Typen alle gleichbreit sein (Schreibmaschine). Vereinfachung der Schriftsymbole (Buchstaben) ist erstrebenswert, vorausgesetzt jedoch klare Unterscheidungsmöglichkeit. Druckschrift soll größte Bequemlichkeit für das Lesen, Schreibschrift für das Schreiben bieten.

14
Einleitung

auch in den Ländern üblich, in denen sonst Hauptworte klein geschrieben werden. Große Typen gliedern das Satzbild, bieten dem Auge einen Rythmus (bildmäßiges Erfassen).

Bemühungen um eine neue Schrift sind im Gange, Schreibmaschine und Setzmaschine verlangen eine Funktionsschrift.

Die heute bekannten Alphabete sind nicht rein fonetisch aufgebaut. Auch die Ortografien sind keine rein fonetischen. Ob eine rein fonetische Ortografie für die heutigen Sprachen durchführbar ist, läßt sich nicht ohne weiteres beantworten. Man muß da dem logischen Aufbau der Sprachen Rechnung tragen. Zum Beispiel widerstrebt der sprachlichen Logik, König fonetisch als „Könich" zu schreiben, da der Plural in jedem Fall „Könige" geschrieben werden muß. Viel komplizierter wäre die fonetische Schreibweise bei der englischen Sprache. Eine Weltsprache müßte also so aufgebaut sein, daß Fonetik und sprachliche Logik übereinstimmen. Die heute gebräuchlichen Sprachen und Dialekte bedienen sich jeweils ihrer ganz bestimmten Skala von Lauten. So auch das Hochdeutsch. Das deutsche ABC hat für einige Laute keinen Buchstaben, für einige Laute mehr als einen Buchstaben. In dem abgebildeten „Versuch einer neuen Schrift" hat Jan Tschichold daher für seine Typen das fonetische ABC von Portmann zu Grunde gelegt.

Die „Internationale fonetische Gesellschaft", die ihren Hauptsitz in Paris hat, hat die Laute aller Sprachen der Erde anatomisch fixiert und mit Druckbuchstaben und Schreibbuchstaben bezeichnet. Hier ein Beispiel für deutsch:

di zɔnə zaːkt, ʔiç haisə di zɔnə. ʔiç bin ɡants ɡlɛntsənt.
ʔiç geːə im ʔɔstən ʔauf, ʔunt vɛn ʔiç ʔaufgeːə, virt ɛs taːk. ʔiç gukə
in dain fɛnstər mit mainəm klaːrən, ɡɔldənən ʔaugə hinain, ʔunt
ʔiç zaːgə diːr, vɛn ʔɛs tsait ʔist ʔauftsuʃteːn; ʔunt ʔiç zaːgə: ʃteː ʔauf,
faulpɛlts; ʔiç ʃainə niçt, damit du ʔim bɛtə blaipst, zɔndərn ʔiç ʃainə,
damit du ʔaufʃteːst ʔunt ʔarbaitəst ʔunt liːst ʔunt hərumgeːst.

ʔiç maxə groːsə raizən; ʔiç raizə ʔyːbər dən ɡantsən himəl. ʔiç
ʃteːə niː ʃtil, ʔunt ʔiç bin niː myːdə. ʔiç haːbə ʔainə kroːnə ʔauf
dəm kɔpfə, ʔainə kroːnə fɔn ɡlɛntsəndən ʃtraːlən, ʔunt ʔiç ʃikə mainə
ʃtraːlən ʔyːbərʔal hin. ʔiç ʃainə ʔauf di bɔimə, ʔauf di hɔizər ʔunt ʔauf
das vasər, ʔunt ʔaləs ziːt hɛl ʔunt frɔintliç ʔaus, vɛn ʔiç darauf ʃainə.

ʔiç geːbə diːr liçt, ʔunt ʔiç geːbə diːr vɛrmə, dɛn ʔiç ʔɛrvɛrmə
ʔaləs. ʔiç maxə das ʔoːpst ʔunt das kɔrn raif. vɛn ʔiç niçt auf di
fɛldər ʔunt di ɡɛrtən ʃiːnə, vyrdə niçts vaksən.

Der Anfang desselben Textes französisch in fonetischer Handschrift:

lə sɔlɛj di, ʒə m apɛl
sɔlɛj. ʒə sɥi trɛ brijã. ʒə m
lɛv a l ɛst, e kã ʒ mə lɛv,
i fɛ ʒur. ʒə rgardə par ta

Der gleiche Text auf englisch und norwegisch (letzte Zeile):

if ai did nt ʃain ɔn ðə fiːldz ənd gɑːdnz, nʌθiŋ wəd grou.

vis ˈjɛi ikə ˈʃintə pɔ ˈmɑrkəɪnə ɔ ˈhɑːvɪnə, ˈkɪnə ˈiŋŋəntiŋ ˈvɔksə.

Neue Schrift von Schwitters.

Wenn man die Schriften vergleicht, stellt man das bereits oben ange-
führte fest: die verschiedenen Sprachen bedienen sich zum Teil verschiedener spezifischer Laute, die in anderen Sprachen nicht vorkommen.

Wenn man an die Bearbeitung eines fonetischen ABC geht, so muß es
in jedem Fall vom internationalen Standpunkt aus geschehen, so wie es
die „Internationale fonetische Gesellschaft“ erstrebt. Dann erhält man ein
ABC von ca. 70 Buchstaben. Von diesem internationalen ABC würden
für die deutsche Sprache zum Beispiel nur 27 Buchstaben benötigt.

Der Schrift der „Internationalen fonetischen Gesellschaft“ liegt das
lateinische ABC zugrunde, eine historische Schrift. Die grafische Ausbildung
dieser Buchstaben charakterisiert nicht grundsätzlich den Klangwert, ist
beziehungsloses Symbol. Schwitters hat aus diesem Grunde eine Refor-
mierung versucht (Konsonanten eckig, Vokale rund).

Zum konstruieren einer einwandfreien fonetischen Schrift ist eine Systematik
der Laute sämtlicher Kultursprachen nötig z. B.:

Vokale in solche mit unten liegender Zunge (a, o Holz, o Hof, u) und
solche mit aufgehobener Zunge (ä, e, i, ö, ü)

Konsonanten in tönende Konsonanten (d, w, g, b, s, j Jäger, j Jeanette, r)
und tonlose Konsonanten (f, k, p, sz, sch, t, ch hoch, ch ich)

dann wieder die tönenden und tonlosen Konsonanten je in Explosions-
laute (b, d und k, p, t) und Reibelaute (w, s, j, r und f, sz, cs, ch).

Dann schließlich noch anatomisch systematisiert d. h. in der Reihenfolge,
in der die Sprachorgane zueinander liegen, also z. B. Lippenlaute, Zun-
genzahnlaute, Zungengaumenlaute, Rachenlaute usw.

Für die neuen Schriftzeichen ist denkbar: Vokale = runde konvexe Formen, stimmhafte Konsonanten: konvexe gebrochene Formen und stimm-
lose Konsonanten: konkave gebrochene Formen.

Das rein anatomische läßt sich vielleicht mit primitiven Vorstellungen darstellen z. B.

a = C, d. h. mit unten liegender Zunge, ungeteilte Mundhöhle

e = Ɛ, d. h. mit aufgehobener Zunge, die Mundhöhle durch
die Zunge in 2 Hälften geteilt

i = Ⱶ, wie e, jedoch mit stark verkleinerter Mundhöhle usw.

Soweit unsere Ansicht über Schrift. Das Ausarbeiten neuer Schriften
möchten wir auf jeden Fall Fachkreisen überlassen.

Otto Baumberger

Zürich, Altstetten

geboren 1889 / Lithographenlehre / Studien in München, Paris,
London, Berlin / arbeite seit 1915 in Zürich / Malerei / Plakate /
angewandte und freie Graphik.

Typographie leider nicht erlernt / z e i c h n e meine Schriften und Plakate /
bin für a l l e Möglichkeiten zur „Fesselung des Blickes", Meine Plakat-
arbeiten bewegen sich dementsprechend auch vom reinen Schriftplakat
durch „ornamentale", d. h. Flächenaufteilungswirkungen über sachlich-
plastische Darstellungen bis zu malerisch impressionistischen Landschafts-
plakaten für Fremdenwerbung und konstruktiv farbigen Versuchen im
Sinne meiner neuesten Arbeiten für Vierwaldstättersee, Luzern und Zürich.

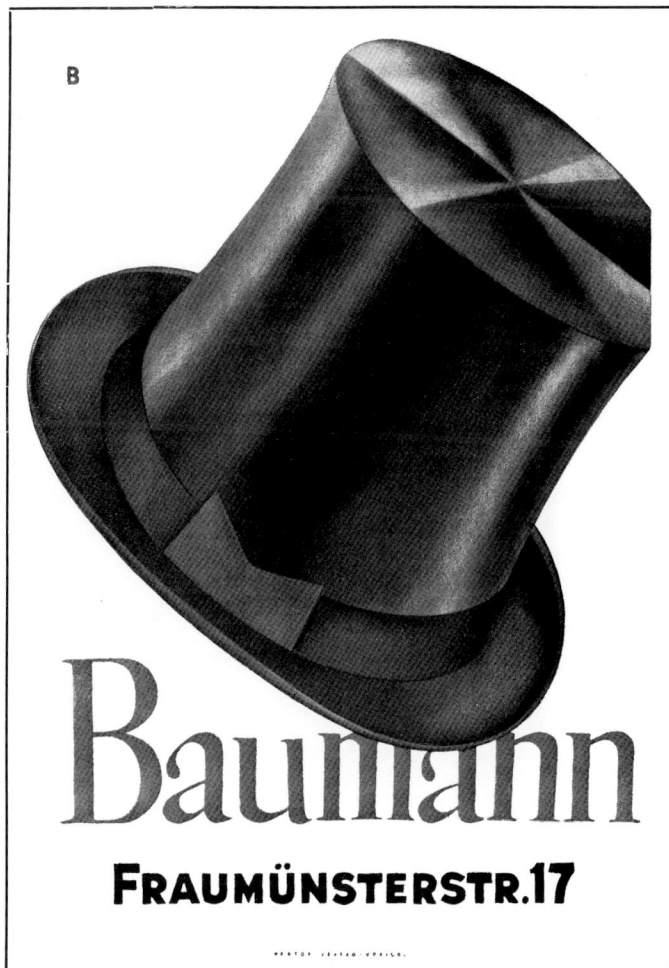

Plakat für einen Hutmacher. — 1919.

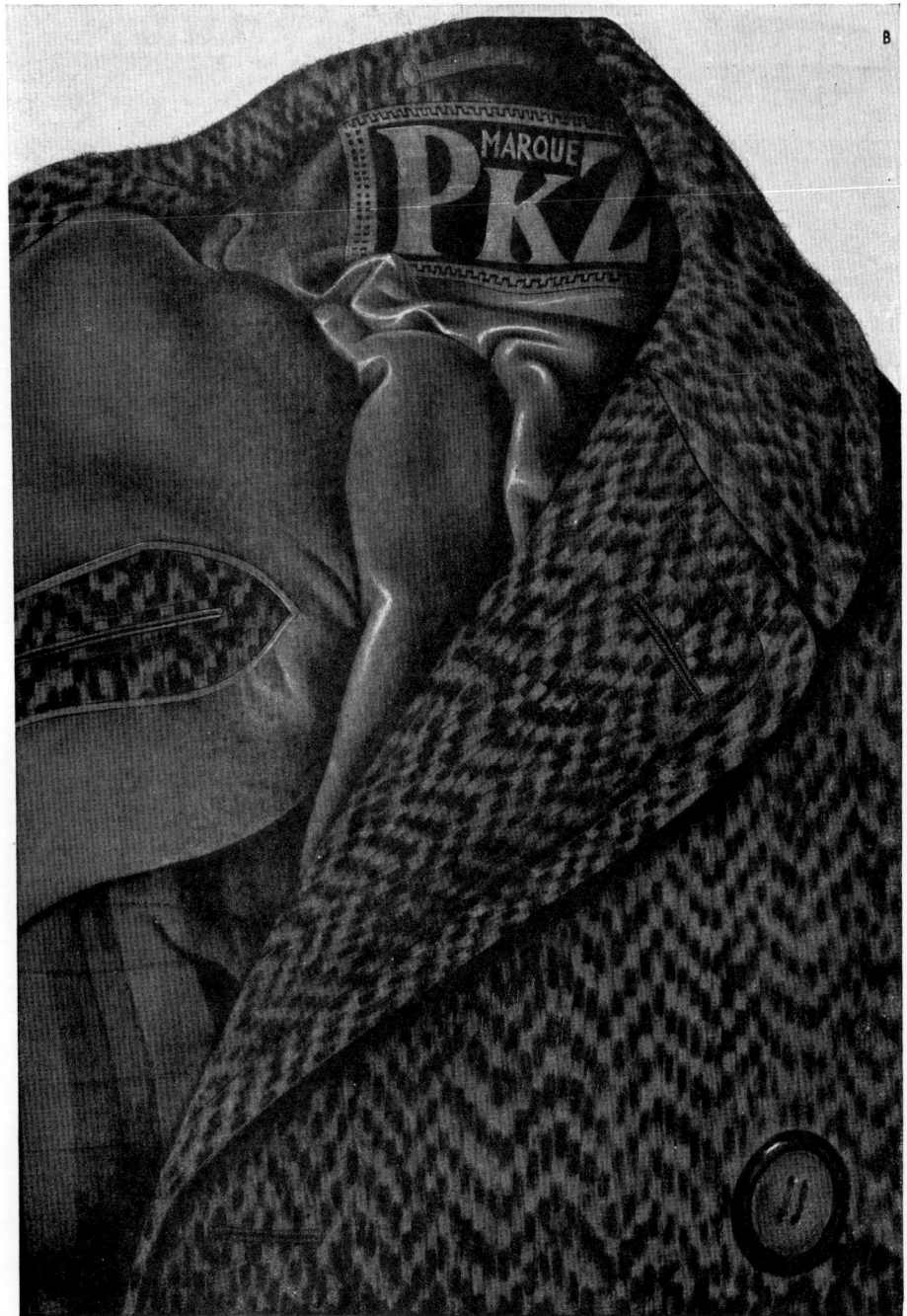

Plakat für ein Konfektionsgeschäft. Die Sache selbst wirbt. Ein flauschiger, behaglicher Ulster. Im Beschauer wird das Interesse wach, das Signum der Firma zu finden - einfachste und eindrucksvollste Art der „Sachreklame". Ähnlich: ein schönes Service; man fühlt sich verleitet, die Tasse umzukehren und das Signum festzustellen, oder blitzendes Silberbesteck mit dem Signum, oder eine Schreibmaschine mit der Firmenaufschrift, oder ein Automobil (Kühlerpartie) mit der Marke usw. all diese Objekte kann die Fotografie und die moderne Produktionstechnik bewältigen. das vorstehende Plakat ist nicht fotografiert, sondern in Farben gezeichnet.

18

Otto Baumberger

willi baumeister

professor, frankfurt am main, neue mainzerstraße 47

geb. 1889 stuttgarter studierender der akademie der bildenden
künste daselbst, unter adolf hölzel.

briefwechsel mit oskar schlemmer. in „klebebriefen". zerrfotos und
übereinanderkopieren. 1911.

im briefwechsel mit oskar schlemmer weiter ausgebaute druck-
schrift- und bildmitteilungen. fotomontagen. 1915.

befassung mit typographie (neue typographie) 1919.

typo-gestaltung geht in erster linie vom inhalt aus, des weiteren von einem
sinnvollen formwillen (das lesen ist eine bewegung von links nach rechts
u.s.w.); die gesamtlösung aller auftauchenden fragen sind im sinne einer
„o p t i s c h e n o r g a n i s a t i o n" zu lösen. die einbildungskraft und fantasie sind der nährboden alles spekultiv-künstlerischen schaffens.

heitere fotozeichnung. zusammenfassung vorhandener bildelemente.
sie werden zur ironie ihrer selbst. der maler arbeitet hier wie der
architekt, der für gegebenheiten (bauplatz und bauprogramm) eine
form suchen muß.

brücke. aktfoto ohne sentimentalität und unwahre pose (die die meisten nacktfotos in magazinen und zeitschriften auszeichnen): einfach die darstellung zweier junger gespannter körper. allein der helle bogen auf dem dunklen hintergrund genügt schon, um das gefühl der spannung zu übermitteln. der beschauer erlebt die in dem objekt vorhandenen kräfte mit. nicht immer gelingt dem fotografen eine solche aufnahme, denn: 1. die kamera fotografiert vieles nebensächliche mit, was das auge in wirklichkeit gar nicht sieht und den eindruck daher nur verwischt. dann besteht die möglichkeit, hinterher das wesentliche aus dem bild auszuschneiden oder 2. der foto-

grafenapparat gibt weniger, weil das objekt vom auge in bewegung gesehen worden ist und der eindruck sich aus verschiedenen stellungen zusammensetzt, während der fotografenapparat nur eine einzige festhalten kann. dann kann man sich hinterher behelfen, indem man verschiedene dem objekt nach zusammengehörige neue bilder 1. in optische beziehung zueinander bringt und zusammenfügt (fotomontage). 2. übereinander copiert oder indem man 3. teile dieses bildes so mit einer entsprechenden zeichnung verschmilzt, daß der tatsächliche eindruck, den das auge (bezw. das auge des künstlers) hatte erreicht wird.

20

willi baumeister

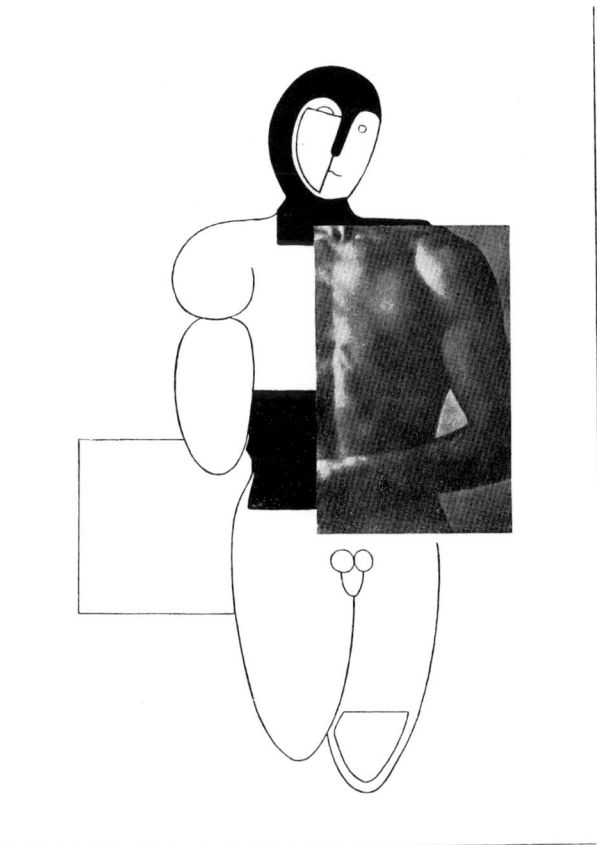

fotozeichnung. die fotografie wird hier teil einer komposition, die den menschlichen körper zu neutalisieren und umzudichten versucht. stärkste spannung entsteht zwischen dem weichen, naturhaften der fotografie und den exakten linien.

fotozeichnung. eine fotografie wie viele andere auch . . . . das konstruktive gefüge ist so streng, daß der fremdkörper der fotografie vollständig verschmolzen wird. die rytmischen versetzungen ergeben eine durchgehende bewegung, der das auge des beschauers ständig folgen muß. - resultat: kinetik.

willi baumeister

fotomontage von linoleumrollen, die der besichtigung durch den beschauer nahe gebracht werden sollen. der beschauer würde in wirklichkeit sich die rollen von allen seiten ansehen, um sie herumlaufen.
er sieht also einen film: die rollen von allen seiten. ln dieser
fotomontage sind nun ein paar eindrucksvolle bilder aus diesem film
ausgewählt, sodaß sie das auge des beschauers schnell erfassen kann,

22

willi baumeister

bill-zürich

bill-reklame, zürich 1, stadelhoferstr. 27

kunstgewerbeschule zürich (metallabteilung)

bauhaus dessau

seit ende 1928 in zürich, allerhand studierend, zeichnend malend etc.

studien treiben ist das beste was ein mensch machen kann, denn es ist heute dringend notwendig menschen zu haben, die auf allen gebieten orientiert sind.

man kann dazu am anfang zersplitterung sagen, das resultat hingegen wird der totale mensch sein.

jede gestaltung, im sinne unserer heutigen lebensbedingungen, erfordert größtmöglichste wirtschaftlichkeit. größtenteils ist klarheit das wirtschaftlichste. jedoch kann unter gewissen voraussetzungen das gegenteil eintreten. druckgestaltung ist organisation von satzbildern, die durch lesbarkeit bedingt sind und erfordert psychologische gedankengänge. die typi-

faltbrief bei erhalt

geöffnet

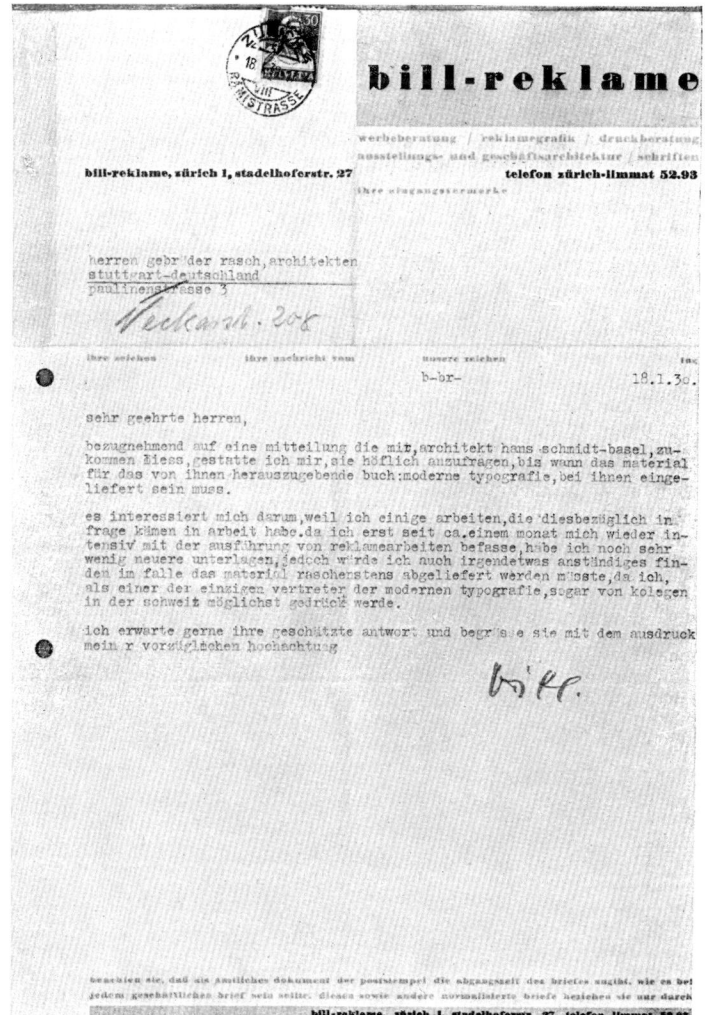

vereinfachung für normale geschäftsbriefe und rechnungen. der brief dient durch zweckmässige faltung gleichzeitig als hülle. der poststempel gibt als amtliches dokument die abgangszeit des briefes an, was bei rechnungen möglicherweise wesentlich sein kann.

alles wesentliche ist in schwarz, übrige angaben in hellgrau gedruckt.

sierung einer drucksache ist eine zweckmäßigkeitsforderung, die variabilität
hingegen eine forderung der artverschiedenheit der verbraucher. es ent-
springt daher derselben logik einem industrieunternehmen den vorschlag
zur kleinschreibung überzugehen zu machen, wie einem historisch-anti-
quarischen verein sein ihm entsprechendes gesicht zu verleihen.

kleinschreibung ist einesteils entsprungen aus einem bedürfnis einer vereinfachung, anderteils aus einem bedürfnis nach formenreichtum (gegenüber der schreibweise, die ausschließlich die versalien berücksichtigt).

typografie ist nicht das x und das u einer entwicklung, sondern ist vielmehr wirtschaftlich bedingt, es handelt sich dabei um die ablösung der
handarbeit durch die Industrie und mag in vielen Fällen angebracht sein,
obschon nicht immer durch schönheit oder zweckmäßigkeit bedingt.

ausstellungsplakat für eine verkaufsausstellung. kunstgewerbeaus-
stellungen pflegen im allgemeinen durch einen nach kunst riechenden
nimbus die besucher vom kauf abzuschrecken. das gegenteil davon
wäre „ausverkauf". in diesem falle genügt „verkauf" um die leute
anzuspornen und sie auf den gedanken zu bringen.
die näheren textlichen angaben sind in geschlossenen formen unter-
gebracht die entgegengesetzt dem führenden wort ruhig in der fläche
stehen und dadurch das schlagwort in seiner eigenart stützen.

ich erlaube mir, sie hierdurch zu einem besuch meiner ausstellung von malerei und grafik, in den räumen stadelhoferstr. 27, zürich 1, höflich einzuladen und grüsse sie mit vorzüglicher hochachtung / bill

ausstellungsdauer 1. november/1. dezember
besuchszeit täglich 10-12 und 14-16 uhr
zürich 1, stadelhoferstr. 27, den 29. X. 29.
telefon limmat 52 93

einladungskarte zu einer ausstellung des künstlers. ein bild aus der ausstellung ist als orientiertes beispiel, blickfangend in der karte angebracht.
farbgebung: grau kunstdruckkarton, matt/schrift dunkleres grau.

salon
international
de
l'automobil
et
de cycle
genève
15 - 24 mars
1929

internationale
automobil
ausstellung
genf
15. - 24. märz
1929

auto

bill

ausstellungsplakat. das auge erfasst wenig auf ein mal. daher ist der umfangreiche text in ein geschlossenes feld gesetzt, das als gesamt-form gegenüber dem wort „auto" steht, welches wiederum als für die ausstellung typischer blickfänger gewählt ist. die grundfarben des plakates halten sich an die schweizerfarben rot weiß, dem sitz der veranstaltung entsprechend.

max burchartz,

professor, essen-bredeney, brachtstrasse 36

geboren 28. 7. 87 in elberfeld.
gymnasium-textilfachschule-kaufmännische lehre-akademie düsseldorf
-studium in münchen, berlin. paris.
nach dem kriege bilder und litografien in hannover und weimar.
seit 1922 keine bilder mehr ● in bochum und essen: gestaltung
von werbegrafik, fotographie, farbige Raumgestaltung. innenarchitektur,
formgestaltung von industrieerzeugnissen.
seit 3 Jahren leiter der fachklasse für werbegrafik und fotografie
an den folkwangschulen-essen-kunstgewerbeschule.

typografie ist die optische formorganisierende gestaltung von drucktech-
nisch zu vervielfältigenden mitteilungen. diese mitteilungen können in
worten oder bildern oder in beidem zugleich geschehen.

für die typografische gestaltung erscheinen mir folgende gesichtspunkte
besonders beachtenswert:

1.) erstes erfordernis und grundlage aller weiteren gestaltung ist die isolierung und gruppierung des zu vermittelnden inhaltsstoffes. er muß im
ganzen als einheit erscheinen und im falle andere benachbarte ähnliche
mitteilungen vorhanden sind (z. B. andere plakate, andere inserate) sich
deutlich als individium loslösen.

er muß zum anderen auch in sich hinreichend nach den sinngemäß gegebenen begriffsgruppen gegliedert erscheinen, wobei eine straffe einteilung in ober- und unterglieder erforderlich ist. mehr als drei deutlich
abgesetzte hauptgruppen sind zu vermeiden. diese teilen sich dann in
sich in die notwendigen untergruppen, diese wieder in die nächstkleineren.
nur dadurch ist deutliche klarheit und schnelle erfaßbarkeit zu erreichen,
sowie auch die vermeidung des so störenden eindrucks möglich, daß dem
leser eine besondere arbeitsleistung zugemutet wird.

2.) wichtig ist die richtige, mäßig angewandte verteilung der betonungs-
akzente. möglichkeiten der hervorhebung: schriftgröße, farbe, isolierte oder
richtungsbesondere stellung und in seltenen fällen unterstreichung. betonung und häufigkeit ihrer anwendung schließen sich aus, weshalb immer
nur wenige inhaltsteile hervorgehoben werden dürfen.

3.) die optische suggestionskraft der wirkung hängt bei verwendung von
bildmaterial von dessen auswahl und seiner form ab. eine pars pro toto
erweist sich immer wie alle ökonomie als vorteilhaft.

des weiteren ist die suggestionskraft der wirkung abhängig von der ge-
spannten und trotzdem harmonisch gebändigten optischen gesamt-
erscheinung. je stärker bei ausgeglichener harmonischer einheit die einzel-
kräfte des formspiels in kontrasten von groß und klein. hell und dunkel,
bunt und unbunt in ihrer richtungsverschiedenheit u. s. w. zur geltung
kommen, umso kraftvoller bezwingend reissen sie hin.

26
max burchartz

daß jeder gestalter die technischen fortschritte, die neuesten erkenntnisse und die geeignetsten mittel seiner zeit auswertet, erscheint selbstverständlich. der moderne typograf bedient sich also der vollendetsten drucktechniken und der fotografie. er hält sich an normungen und schreibt kleinschrift — sofern nicht besondere gründe es geraten erscheinen lassen, im einzelfall wider bessere eigene einsicht aus rücksicht auf leute, die noch nicht ganz so weit sind, es anders zu machen. auf kleinschrift verzichtet man etwa dann, wenn man sich an ein publikum wendet, das zur zeit noch von vornherein abgeneigt ist, kleingeschriebenes überhaupt zu lesen u. s. w.

max burchartz

titelseite eines prospektes. vorder- und rückseite aufgeklappt. vorderseite gekennzeichnet durch die überschrift „folkwangschule essen". in 4 bändern wiederholen sich die worte. durch reihung gleicher elemente ergibt sich immer ein ornament. der ganze textinhalt des titels beschränkt sich auf die beiden worte. auf der rückseite **unten** hört dieser titeltext auf. ähnlich wie er auf der vorderseite **oben** begonnen hat. ganz logisch. hier erscheinen die titelworte groß lediglich „hinten angerückt", ähnlich wie sie auf der vorderseite „hinten angerückt" sind. (vergl. einleitung über satz). dieser standardumschlag erhält dann einen stempelaufdruck für den jeweils anderen inhalt. hier: „fachschule für musik, tanz, sprechen".

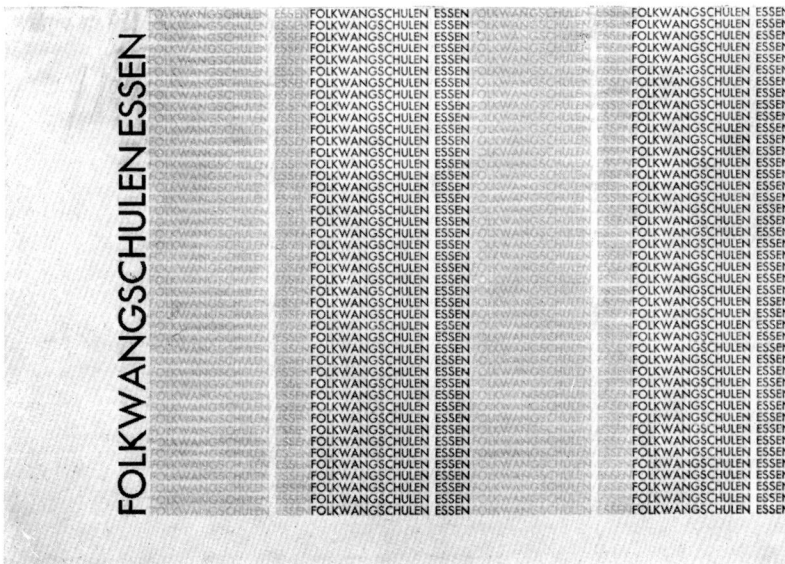

2. DEUTSCHER TÄNZERKONGRESS
UND TANZFESTSPIELE

ESSEN 1928 TEILNEHMERKARTE
NR.
FÜR HERRN · FRAU · FRÄULEIN
FÜR DIESE KARTE
WURDEN GEZAHLT MK.

GUTSCHEIN FÜR EINTRITTSKARTEN
ZU SÄMTLICHEN KONGRESSVERANSTALTUNGEN
UND ZU DEN FESTSPIELEN
IM KONGRESSBÜRO UMZUTAUSCHEN
GÜLTIG NUR IN VERBINDUNG MIT DER KARTE

II. D.T.K.

II. DEUTSCHER TÄNZERKONGRESS
UND TANZFESTSPIELE ESSEN
ZENTRALBÜRO: RATHAUS

einladungskarte mit entsprechender briefhülle. verwendung einer
fotografie. dieser entsprechend die leichte type. zarte farben entsprechend der haltung der figur. das wichtige (,,teilnehmerkarte'' . .)
vor ihr, in ihrem prospekt, die nebensächlichen angaben hinter ihr
und zwar vertikal angeordnet, sodaß das auge sich nicht gleichzeitig
dahin verirrt.

druckanordnung eines gesangbuches. das buch wird wegen seines
kleinen formates in einer hand gehalten, der daumen liegt im falz.
hier daher auch die liedernummern

28

max burchartz

FAST **6 MILLIONEN FAHRKARTEN** WURDEN IM JAHRE 1928 ALLEIN AN DEN SCHALTERN DES DORTMUNDER HAUPTBAHNHOFES AUSGEGEBEN.

prospekt für die stadt dortmund. fotomontagen. blick über die bahnanlagen. durch einen ausschnitt der signalbrücke erhält der gleispark eine viel größere tiefe. das auge wird konzentriert. es wird aber nicht krampfhaft versuchen, eine naturalistisch getreue übereinstimmung der signalbrücke mit dem gleisbild zu geben, sondern nur ein illusionistischer zusammenhang für das auge. das auge kontrolliert ja nie perspektivische richtigkeiten, sondern empfängt nur eindrücke der nähe, der ferne, der helligkeit, des dunkels, oben und unten, bewegung und ruhe, mannigfaltigkeit oder einfachheit.

29

max burchartz

Die gepflegten Anlagen des Dortmunder Rennvereins
sind an Renntagen das Ziel vieler Tausender.

30

max burchartz

DER SPORT

erfreut sich in Dortmund ganz besonderer Pflege. Die Kampfbahn „Rote Erde" kann oft die Menschenmassen nicht aufnehmen, die sich bei großen Spielen einfinden.

Ein fröhliches Strandleben entwickelt sich in der warmen Jahreszeit in den zahlreichen Schwimm- und Freibädern Dortmunds. Die Schwimmbahn „Vokspark" sieht jährlich große Kämpfe um die Meisterschaften, während das Hardenbergfreibad und die Freibäder Wellinghofen und Kirchhörde mehr dem fröhlichen Badebetriebe dienen.

prospekt stadt dortmund. die bildzusammenstellungen des prospektes sind nur steigerungen der bildinhalte und der optischen bildwirkungen auf den beschauer, vergleiche den springer, der vom turm in das schwimmbassin zu springen scheint: einfach 2 verschiedene fotos aus dem gleichen bild übereinandergeklebt. der gleiche effekt wie bei der fotomontage baumeister auf seite 22. in gleicher weise die rennpferde und die zuschauer auf der tribüne.

max burchartz

Muldenkippwagen m. Wiegenkippvorrichtung, federnden Zentral-
puffern und Bremserstand. Inhalt
4,3 cbm. Räder mit Radreifen.
Ausführung für Baggerbetrieb.
Spurweite 900 bis 1435 mm.

Muldenwagen 3/4 cbm Inhalt. 600 mm Spurw., ohne
Bremse mit Wiegenkippvorrichtung. Schwere Aus-
führung für Steinbruchbetrieb. Zughaken federnd.
Feste Kappenpuffer u. Büchsenrollenlagerradsätze.

Die Wagenausführung innerhalb des Feldbahnbaues ist auf Grund
vielseitiger Erfahrung den verschiedensten Betriebsarten an-
gepaßt. Ein Beispiel technisch glücklicher Anpassung gibt der auf
Lokomotivbetrieb eingerichtete Muldenwagen für Kanal-Eisen-
bahnbauten und Abraumbetriebe, bei denen die Beladung durch
Bagger erfolgt. Diese Wagen werden bei einem Inhalt von 1 bis 4,3
cbm in den Spurweiten 600 bis 1000 mm ausgeführt. Sie gestatten
ein leichtes und vollkommenes Entleeren selbst bei Massen-
fördergut. Infolge der eigenartigen Muldenlagerung ist die Lade-
höhe der Wagen gering; die Feststellvorrichtung ist so eingerichtet, daß eine Gefährdung der Bedienungsmannschaften
ausgeschlossen ist, denn das Kippen der Mulde kann nur nach
der dem Stande der Arbeiter entgegengesetzten Seite erfolgen.

Kastenkippwagen von 3 cbm Inhalt mit federn-
der Zug- und Stoßvorrichtung. Kasten aus Holz
mit Eisen armiert. Boden mit Blechbelag.
Beim Kippen **selbsttätiges** Öffnen der Seiten-
klappe. Klappen abnehmbar eingerichtet.
Spurweite 750-1000 mm.

Schnabelrundkipper (gekippte Stellung)

Elektr. Grubenlokomotive. 220 Volt, mit 2 Motoren a 25-50
PS. für Oberleitung mit Begleitersitz. Spurweite 600 mm.
Auch in kleinern oder größeren Spurweiten lieferbar.

Triebwagen mit Motor von 12 PS. Das Getriebe hat
drei verschiedene Geschwindigkeitsstufen für Vor-
u. Rückwärtsfahrt, Handspindelbremse. Spurweite
750 mm, wird auch größer oder kleiner geliefert.

prospektseite. möglichst wirklichkeitsnähe. abbildung der angebotenen
objekte. da man zu ihnen ein näheres verhältnis bekommen soll, sind
die bilder in lebendige beziehung zueinander gestellt. die texte treten
in den hintergrund und werden erst gelesen, wenn das auge durch
die bilder gefesselt ist.

32

max burchartz

Der höchfte Schornftein Europas
141 m hoch, 5 m obere Lichtweite für die
Vereinigten Stahlwerke A. G., Bochumer Verein, Bochum
in Stein

erbaut von

J. FERBECK & Cie.
INDUSTRIEBAU
AACHEN · ESSEN · SAARBRÜCKEN
GEGRÜNDET 1846
Sonderheiten: Schornfteinbau in Stein und Eifenbeton, Keffeleinbau

141ᵐ 145ᵐ 161ᵐ

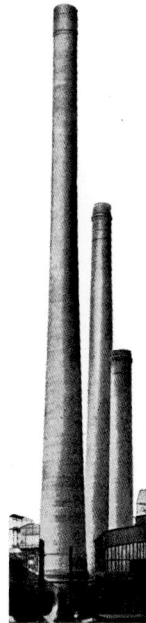

Vereinigte Stahlwerke — Bochumer Verein   I. G. Farbenindustrie, Bitterfeld   Europas höchstes kirchliches Bauwerk, das Ulmer Münster

EUROPAS GRÖSSTE INDUSTRIEKONZERNE BESITZEN
EUROPAS HÖCHSTE SCHORNSTEINE,   ERBAUT VON

J. FERBECK & Cie.
Industriebau   Aachen – Essen – Saarbrücken

prospekt vor und nach bearbeitung durch den typografen. das inte-
ressante und „sachliche" ist herausgearbeitet.

33

max burchartz

GRUGA

ESSEN
GERMANY

titel von einem faltprospekt der gartenkunstausstellung essen. vor-
und rückseite. fotomontage von blumen. ein stilleben, wie es in
diesen form- und tonwerten in wirklichkeit wohl kaum zusammengestellt werden kann. in der wirklichkeit täuscht sich das auge ja
auch über die flächenwirkung. wie o^ft sieht das foto „unähnlich"
aus! die fläche wirkt eben anders als der raum! die **fotomontage**
ist leichter kontrollierbar, als die montage von gegenständen. und sie
ist wahrheitsgetreuer, weil ihre elemente ohne absicht und pose und
zwang der natur entnommen sind. die fotomontage vermag mit
vorhandenem material malerische aufgaben zu lösen. die blüten sind
hier die bildelemente.

34

max burchartz

johannes canis

bochum (ruhrgebiet) franziskusstr. 21

geb. 1895 — kunstgeschichte - studium (in marburg bei hamann) durch kriegsdienst unterbrochen — nach dem kriege ausbildung zum „technischen" und „organisations"-kaufmann — 1924 zwei entscheidende bekanntschaften: weidenmüllers werbelehre und max burchartz' „konstruktive" arbeiten — 3 jahre zusammenarbeit mit max burchartz — seit 1927 eigenes arbeiten eng begrenzt auf werbe-planen, werbe-textieren und werbe-gestalten.

werbe-arbeit = anbiet-arbeit: planung, textierung und grafische formung müssen auf „verkaufs-erfolg" gerichtet sein; gang jeder werbsachen-ausarbeitung: genaues wissen um die wirtschaftlichen absichten des an-bieters — kenntnis aller psychologischen voraussetzungen für das an-gebot — einleben in den sachinhalt des angebotes — klärung der anbiet-idee — „unherkömmliche", lebensnahe textliche formulierung und („parallel dazu geschaltet") die optische „sichtbarmachung" von verkaufs-idee und anbiet-text durch eine einfach-natürliche („elementare"), der

prospektseite. die angebotenen objekte sind abgebildet und jeweils beschrieben. das hat man auch schon früher gemacht, meist in der weise, daß die abbildungen mit einer unterschrift versehen beziehungs-los neben einander gestellt wurden. hier: klare trennung zwischen bild und text, entsprechend der verschiedenartigen einstellung der aufnahmeorgane. der **bildstoff** übersichtlich zusammengeordnet und in beziehung zueinander gestellt, sodaß für das auge nicht der eindruck einer unübersehbaren menge entsteht, sondern alles leicht faßlich ist. der **text** ebenfalls für sich geordnet und daher leicht zu übersehen. schrift und bild werden parallel in beziehung zueinander gesetzt. die beziehung zwischen bild und schrift ist also eine hori-zontale, daher sehr enge. das auge vermag eine seitliche drehung leichter zu vollführen als eine senkrechte. beim neigen des kopfes bezw. der augen erhält man immer ein neues bildfeld, einen neuen horizont. daher kann man in der vertikalen die bilder und zeilen sehr dicht untereinander setzen, ähnlich den etagen eines hauses, die in den höhen nur kleinen abstand haben, in der ausdehnung beliebig groß sein können.

„Auf den Kauf hin" legen Ihnen die folgenden Seiten in interessanten Einzelheiten auseinander, wodurch die „Hänge"-Ablage es fertig bringt, Ablagearbeit bis an die Grenze des Möglichen zu rationalisieren.

Auf dem „Hänge"-Hefter — wie das Titelbild ihn zeigt — baut sich die „Hänge"-Ablage (System Nordmann) auf. Daß im Gegen-satz zu den bisher bekannten Senkrecht-Heftern der Hefter-Rücken zu einem sogen. Reiterfalz ausgebildet wurde, machte die „Hänge"-Ablage mit einem Schlage zu einem Organisations-Gerät von grundsätzlicher Bedeutung; denn auf diesem mit einem über-sichtlichen Vordruck versehenen Reiterfalz kann durch beliebig viel Ordnungsmerkmale (verschiedenfarbige Nordmann-Reiter) jede gewünschte Registratur-Organisation optisch mühelos gekennzeichnet werden. Auch wenn es sich um „Hänge"-Handablagen in Organisations-Schreibtischen — etwa im FOB* — handelt, kann jede noch so verzwickte individuelle Registrierung, Gliederung und Terminierung von Arbeitsstoff und Geschäftsvorgängen augenfällig sichtbar gemacht werden.

Die „Kunst" ist also, durch eine möglichst „raffinierte" (und trotzdem einfache!) Organisierung des Reiterfalzes alle Vorteile der „kartei-mäßigen" Bauform der „Hänge"-Schriftgutablage auszunutzen. (Daß die in jeder Registratur gefürchtete „Falschablage" bei der „Hänge" durch die kartei-mäßige Signalisierung ausgeschlossen ist, sei als besonderer Vorzug noch erwähnt; einige der folgenden Bilder bringen dafür den Beweis.) * FOB = Fortschritt-Organisations-Schreibtisch.

Je nach der Beschaffenheit des Schriftgutes und der für seine Unterbringung beabsichtigten organisatorischen Form haben sich in der Pra-xis Grund-Typen von „Hänge"-Heftern heraus-gebildet, die als Standard-Formen empfohlen werden können. Die wichtigste Mappe — der „Hänge"-Hefter — ist auf Seite 1 dargestellt. Die folgenden Bilder zeigen beispielsweise noch:

1. „Hänge"-Geo-Sammelmappe
dem Verwendungszweck in der Geo-Ablage ent-sprechend als Diversenmappe gebaut;

2. „Hänge"-Tasche als Zehnermappe
für die Diversen-Ablage in der Nummern-ordnung;

3. „Hänge"-Alfa-Sammelmappe
für die Aufnahme der Kleinverbindungen in der Alfa- und Alfa-Nummern-Ablage-Ordnung; auf Wunsch mit Register;

4. „Hänge"-Dehn-Tasche, aufklappbar
zum Aufbewahren von Ablagegut, dessen Lo-chung entweder nicht möglich oder nicht er-wünscht ist (Kataloge, Waren- oder Druck-muster, Dokumente besonderen Wertes wie Verträge, Versicherungspolicen, Wertscheine, Zeichnungen usw.). Zur Aufnahme eines Leit-vermerkes (Inhaltsbezeichnung) ist die „Hänge"-Dehntasche mit einem Beschriftungsstreifen (Reiterfalz ohne Druck) oder mit Metallfenster — siehe Bild — ausgestattet.

Leittafeln
Die in der „Hänge"-Ablage zur Verwendung kommenden Leittafeln (ebenfalls mit Hänge-schiene ausgerüstet) tragen doppelseitigen Schnellsuchregistervordruck. Die bekannten Merkmale: Tabs zum Selbstbeschriften und Bedrucken mit Nummern bezw. Buchstaben werden in beliebiger Beschriftungseinteilung her-gestellt;

Auskarte
Eine unentbehrliche Hilfe für die Ablagearbeit ist die sogenannte „Auskarte", die entnommene Hefter zuverlässig und augenfällig anzeigt (ent-nahmezweck auf dem Quittungsblock ver-merken!);

Hefter und Leitkarten für „Hänge"-Ablage sind aus bestem, widerstandsfähigem Karton gefertigt.

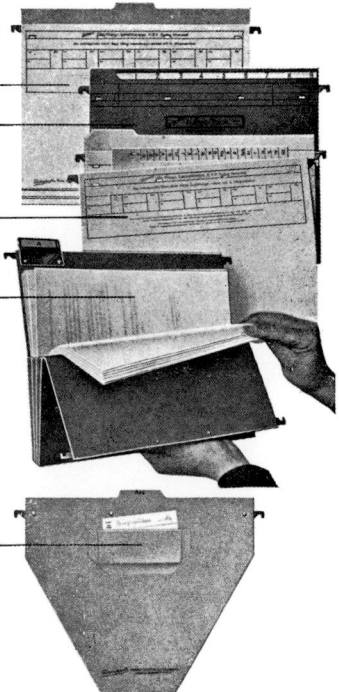

fantasie durchaus nicht entratende satzgestaltung. — die für die bebilde-
rung bevorzugte fotografische darstellung muß so beschaffen sein, (auf-
nahmewinkel, beschnitt usw.), daß sie außer der technichen form der
angebotenen ware zugleich sein „inneres wesen" seinen verkaufswert
für den händler und verkäufer und seinen nutzen für den gebraucher
„enthüllt".

joh. canis.

titelblatt eines prospekts. enge beziehung zwischen foto, technischer zeichnung und schrift. um die bilder besonders stark in erscheinung treten zu lassen, ist die schrift schräg, also nicht in beziehung zum papierformat gestellt. durch die schrägstellung ergibt sich für das auge der eindruck verschiedener hintereinander geschalteter ebenen. das auge stellt sich immer jeweils auf **eine** richtung ein und während

es diese verfolgt, sieht es alles andere nicht, was in einer anderen richtung geschrieben ist. ein beispiel, das jeder kennt: eine postkarte, deren platz für das mitzuteilende nicht ausreicht, kann man im not- falle noch einmal quer überschreiben, ohne daß die schrift dadurch - deutlichkeit vorausgesetzt - unleserlich wird.

Die „simple" PH-Konstruktion — auch vom Nichtfachmann leicht montierbar.

Deutsche PH-Lampen-Gesellschaft mbH. Karlsruhe/B. Kaiserstr. 138 Ruf 243

LICHTQUELLE
LEUCHTE
BELEUCHTUNG

Allgemeine Verkaufsangaben

Die Preise für Hängeleuchten verstehen sich einschl. Baldachin und 1 Meter Pendelschnur oder für PH-Decken-leuchten. Man verwendet für Leuchten Modell 2/2—5/5 PH-Pendelschnur 2×0,75, für Modell 6/5—8/5 PH-Pendel-schnur 2×1,0. Ausführung der Gestelle und Baldachine: matt Nickel; auf Wunsch auch: Messing poliert, bruniert oder blank vernickelt; Mehrpreis: 10% Aufschlag auf die Preise dieser Teile. — Leuchten, die mit * bezeichnet sind, können auch mit Hahn geliefert werden; Mehrpreis für Ausführung mit Hahn: Modell 2/2 und 3/2 RM. 1.50, Modell 3/3, 3¹/₂/3, 4/3 und 4/4 RM. 2.50. Abkürzungen für Einzelteile: G=Gestell, B=Baldachin, O=Oberschirm, M=Mittelschirm, U=Unterschirm, S=Abdeckschale.

PH-Opalglas- und Mattglasleuchten für normale Aufhängehöhe

Opalglas Nr.	Mattglas Nr.	Modell	Für Glüh-lampen Watt	Durchmesser d. Oberschirmes	Preis RM.	Einzelpreise für Einzelteile					
						G	O	M	U	S	B
17022 *	16022 *	2/2	15—25	20 cm	21.—	10.—	4.—	2.—	1.50	0.60	2.50
17033 *	16033 *	3/3	15—60	28 cm	28.—	14.50	5.—	3.—	1.60	0.70	2.50
1703¹/₂/3 *	1603¹/₂/3 *	3¹/₂/3	15—60	25 cm	29.—	14.50	7.—	3.—	1.60	0.70	2.50
17044 *	16044 *	4/4	40—100	40 cm	38.—	16.—	12.—	3.50	2.—	1.20	2.50
17044/2	16044/2	4/200	200	40 cm	45.50	24.—	12.—	3.50	2.—	1.20	2.50
17055	16055	5/5	100—200	50 cm	47.—	18.—	17.—	4.50	2.50	1.70	2.50
17055/3 G	16055/3 G	5/300 G	300	50 cm	60.—	31.—	17.—	4.50	2.50	1.70	2.50
17065	16065	6/5	300—500	60 cm	108.—	52.—	43.—	4.50	2.50	1.70	4.—

PH-Opalglasleuchten für niedrige Aufhängehöhe

Opalglas Nr.	Modell	Für Glüh-lampen Watt	Durchmesser d. Oberschirmes	Preis RM.	Einzelpreise für Einzelteile					
					G	O	M	U	S	B
17032 *	3/2	15—25	28 cm	22.—	10.—	5.—	2.—	1.50	0.60	2.50
17043 *	4/3	15—60	40 cm	38.—	17.50	12.—	3.—	1.60	0.70	2.50
17053	5/3	25—75	50 cm	47.—	22.—	17.—	3.—	1.60	0.70	2.50

PH-Opalglasleuchten mit weißem Lackoberschirm

Opalglas Nr.	Modell	Für Glüh-lampen Watt	Durchmesser d. Oberschirmes	Preis RM.	Einzelpreise für Einzelteile					
					G	O	M	U	S	B
15/7133	3/3	15—60	28 cm	35.—	14.50	12.—	3.—	1.60	0.70	2.50
15/7144	4/4	40—100	40 cm	43.—	16.—	17.—	3.50	2.—	1.20	2.50
15/7155	5/5	100—200	50 cm	57.50	18.—	27.50	4.50	2.50	1.70	2.50
15/7165	6/5	300—500	60 cm	95.—	52.—	30.—	4.50	2.50	1.70	4.—
15/7186	8/6	500—1000	85 cm	141.—	57.—	62.—	12.—	4.—	2.50	4.—

PH-Tageslichtleuchten

Leuchten Nr.	Modell	Für Glüh-lampen Watt	Durchmesser d. Oberschirmes	Preis RM.	Einzelpreise für Einzelteile					
					G	O	M	U	S	B
17033 T *	3/3	15—60	28 cm	35.—	14.50	7.50	5.50	3.—	1.80	2.50
17044 T *	4/4	40—100	40 cm	51.—	16.—	18.—	7.—	4.—	3.—	2.50
17044/2 T	4/200	100—200	40 cm	59.—	24.—	18.—	7.—	4.—	3.—	2.50
17055/3 GT	5/300 G	300	50 cm	89.—	31.—	36.—	10.—	5.—	3.50	2.50

PH-Preisliste D7

seite einer preisliste, die gleichzeitig werbenden charakter trägt. das bild in der unteren hälfte der seite veranschaulicht die oben angebotenen erzeugnisse. beachtlich der ausschnitt des bildes: dadurch, daß nur die decke mit den beleuchtungskörpern gezeigt wird, stellt das übrig bleibende papier den raum dar. besonders deutlich ist diese beziehung von bild zu papierfläche auf dem vorher gezeigten titelblatt des gleichen prospekts.

prinzipien sind ein teil des geistigen arbeitsgerätes, solange sie lebendig sind. tote prinzipien entsprechen geistigem leerlauf. mein grundsatz lautet vor allem: klarheit und beweglichkeit, frische anpassungsfähigkeit an das tempo und die forderungen der industrie. dabei soll der geschmack nie fehlen, das heißt: nicht die wirkung allein diktiert die form, sondern ebenso sehr ein empfinden für die grenzen, die durch den zweck bestimmt werden. auch in der typographie ist das zweckmäßigste das schönste.

Cyliax

buchtitel. fotomontage. **vorderseite:** oben die zwiebeltürme einer kirche, unten eine volksmenge. einfache mittel der zusammenstellung (wie bei burchartz' „stadt dortmund-prospekt"). gegensatz von großen elementen (zwiebelkuppeln) und kleinen (köpfe der menge), dabei jedoch formübereinstimmung. **rückseite:** aus zeitungsillustrationen zusammengestellt. bunte mannigfaltigkeit als russisches volkscharakteristikum.

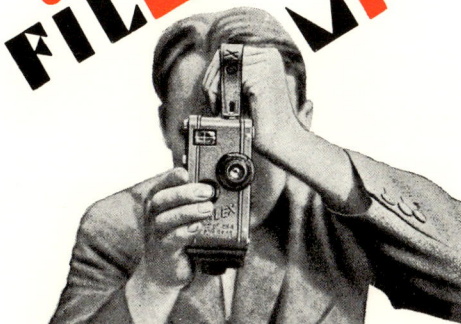

FILME MIT
BOLEX
SWISSMADE CINÉ-CAMERA

GEBR FRETZ A G. ZURICH

inserat. motto: achtung, sie werden gefilmt. bild entscheidend im mittelpunkt. ebenso das wort „bolex". die worte „filme mit" sind schräg gestellt. auf diese weise werden sie vom auge erst in zweiter linie gelesen und man hat nicht den eindruck einer textüberhäufung. (ähnlich wie bei canis, schuitema, zwart u. a. vgl. auch „foto-ohler" von rasch).

inserat. die abbildungen entscheiden, sind in beziehung zueinander gesetzt, sodaß sie schnell vom auge überblickt werden können und nur ganz leicht mit unterschrift versehen. die darstellung der zahnräder ist „funktionell". es kommt ja überhaupt darauf an, die dinge in funktion zu zeigen, nicht als tote elemente. daher jeweils zwei zahnräder, die ineinander greifen, daher auf dem „bolex" inserat die kamera in verbindung mit der person, ohne die sie ja nicht in tätigkeit sein könnte.

SOCIÉTÉ ANONYME DES
ENGRENAGES ET MACHINES
MAAG · ZURICH SUISSE

PIGNONS en acier
Denture MAAG rabotée

PIGNONS coniques 7/7
Denture MAAG rabotée

ROUES de pompe à huile 10/10
en acier trempé
Denture MAAG rectifiée

PIGNONS hélicoïdaux 3/3
Denture MAAG rabotée

buchtitel. ein bilderbuch. ein charakteristisches beispiel aus dem
inhalt orientiert am besten über das buch.

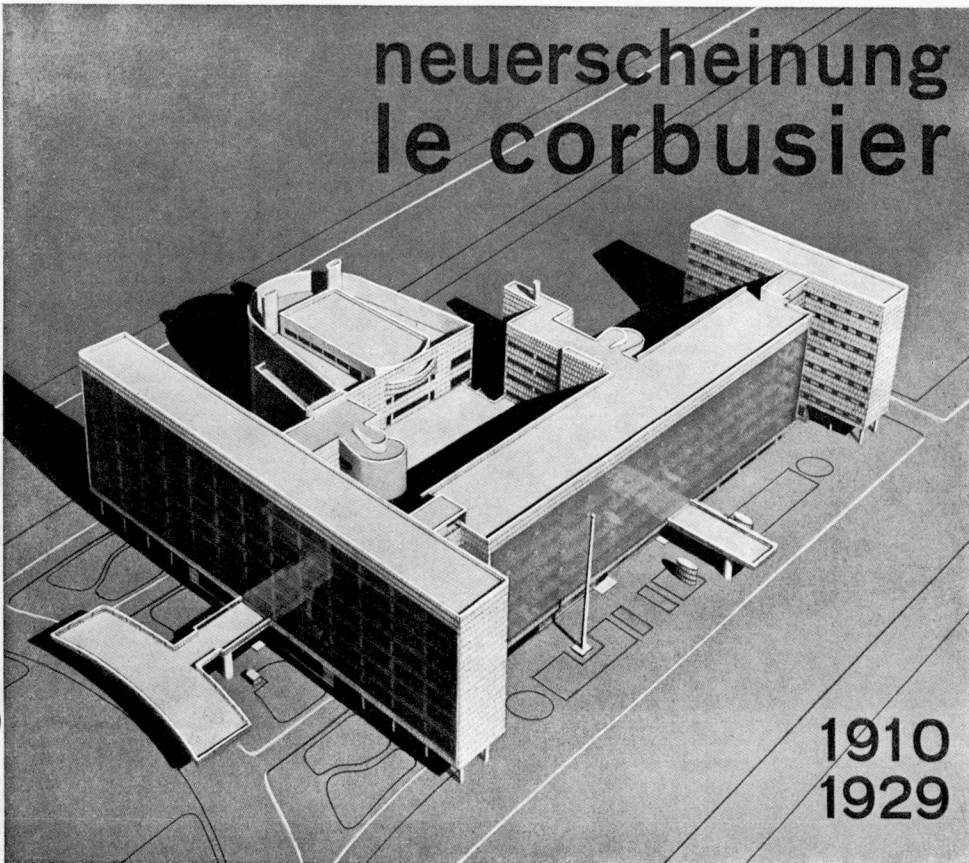

Dr. Walter Dexel

Jena-Magdeburg.

Geb. 1890 in München — Gymnasium — Universität (Kunstgeschichte) — daneben Malschule — nach der Promotion zunächst
ausschließlich als Maler tätig — allmählicher Uebergang zu prak-
tischer Tätigkeit auf dem Gebiet der Reklame (besonders Lichtreklame, Typographie) Raumgestaltung, Bühnenbildnerei — seit 1928
Lehrer für Gebrauchsgraphik an der Kunstgewerbe- und Hand-
werkerschule Magdeburg.

Wir suchen nicht länger die sogenannte „Schönheit". sondern die Klarheit. Der Mensch von heute hat das Recht zu fordern, daß ihm die
Mitteilungen, die er b r a u c h t, knapp und klar dargeboten werden und
vor allem kann er verlangen, daß ihm die Fülle nicht gewünschter Mitteilung, worunter die Reklame in fast allen ihren Spielarten fallen dürfte,
nur ein Mindestmaß von Zeitverlust verursache.

Daraus folgt die Pflicht des Typographen, das Auge s i n n g e m ä ß zu
führen und d i e Stichworte herauszuheben, die den Sinn des gesagten
am schnellsten und besten enthüllen.

Symetrie setzt fast stets eine Vergewaltigung des Textes voraus, eine
natürliche Ordnung des Schriftbildes, die das W e s e n t l i c h e des Mit-
teilungsinhaltes hervorhebt, wird von selbst a s y m e t r i s c h.

Die Mittel des neuen Typographen zur Veranschaulichung des Text-
inhaltes sind Größen- und Stärkenverhältnisse der Schrift, ihr Negativ —
der freie Raum, die Reihenfolge und die Farbe.

Diese Mittel sind nur scheinbar beschränkt. Richtig angewandt erlauben
sie stets die Herstellung immer neuer lebendiger Ordnungen, wobei dem
Moment der Gegensätzlichkeit entscheidende Bedeutung zukommt.

JOSEF ALBERS
ALFRED ARNDT
HERBERT BAYER
KOCH
MOHOLY–NAGY
SCHAWINSKY
SCHLEMMER
JOOST SCHMIDT
BAUMBERGER–ZÜRICH
BAUMEISTER–
    STUTTGART
BURCHARTZ–BOCHUM
DEXEL–JENA
DOESBURG–PARIS
FUSS–FRANKFURT A–M
HERRE–STUTTGART
HUSSMANN–LEIPZIG
HUSZAR–HOLLAND
LEVI–DÜSSELDORF
SCHWITTERS–
    HANNOVER

BAUHAUS DESSAU

NEUE
REKLAME

KUNSTVEREIN JENA

PRINZESSINNENSCHLÖSSCHEN

SONN- UND FEIERTAGS 11–1 MITTWOCHS UND SONNABENDS 3–5

AUSSER DER ZEIT FÜHRUNG DURCH DEN HAUSMEISTER

22. MAI BIS 12. JUNI 1927

TYPO DEXEL

Doppelpostkarte. (Einladung eines Kunstvereins), die monatlich ver-
schickt und gleichzeitig auf farbigem Grund als Laden- und Schau-
fensterplakat verwendet wird, deshalb die große Schrift. Rechts oben
Block mit notwendigen Angaben, der regelmäßig wiederkehrt und nur
vom Fremden beachtet werden braucht. Wer sich für das Thema der
Ausstellung nicht interessiert, kann auf die Namen der Aussteller
verzichten, deshalb treten diese zurück - der Interessent liest sie
sowieso.

Plakat. Das grosse S dominiert. Die Schrift läuft schräg, damit das „S" beherrschender in Erscheinung tritt. Charakterisierung des Gegenstandes: wer denkt nicht beim ersten Blick gleich an „Sechstagerennen" oder „Fußballkampf!"

**25. SEPTEMBER
–13. OKTOBER**

DIE **SPORT**
AUSSTELLUNG
MAGDEBURG
1929
AUSSTELLUNGSHALLEN
AM ADOLF-MITTAG-SEE

SONDERSCHAU DES DEUTSCHEN HYGIENE-MUSEUMS DRESDEN

DER MENSCH UND DER SPORT

SPORTLICHE WETTKÄMPFE

EINTRITT 50 PF.
SCHÜLER 25 PF.
MITTWOCHS, SONNABENDS UND SONNTAGS
EINSCHL. WETTKÄMPFE 70 PF.   SCHÜLER 35 PF.
DAUERKARTEN 3.– RM.
SCHÜLER   1.50 RM.

9–19 UHR
GEÖFFNET TÄGLICH
SONNABENDS U. SONNTAGS 9–21 UHR

ENTWURF: DEXEL / DRUCK, PFANNKUCH, MAGDEBURG

42
Walter Dexel

Schutzumschlag. Der Inhalt des Buches wird zu einem symbolhaften Bild. Ein „Gemälde aus dem Setzkasten". Einfachste Mittel des Ausdrucks in schwarz und weiss mit wenig gelb und rot im Original.

Schutzumschlag. Verwendung eines Filmbildes („Geheimnisse einer Seele" mit Werner Krauss). Wichtige Aufgabe des Malers ist es, ein geeignetes Objekt und einen geeigneten Vorwurf für die Darstellung seines Stoffes zu finden. Heute liegt so viel vorzügliches Material in Archiven. Interessantes und bestes fotomaterial erscheint täglich in Zeitschriften. Es kommt für den Künstler darauf an, dieses Material zu organisieren, es auszuwählen, auszuschneiden, wie er es braucht. Es ist überflüssig, seine Kräfte zu vergeuden in der Darstellung von Einzelheiten, die die fotokamera sehr viel besser und eindrucksvoller zu erfassen vermag. Die Schrift erhält durch den Doppeldruck räumliche Tiefe und wird dadurch - dem Titel entsprechend - imagienärer. (Im Original schwarz rot gelb).

43
Walter Dexel

Cesar Domela-Nieuwenhuis

Berlin-Wilmersdorf, Pommerschestr. 12 a.

Ich bin am 15. Januar 1900 zu Amsterdam geboren, holländischer Nationalität. 1921 studierte ich in Berlin Malerei und arbeitete dann in Ascona und Bern von 1922—1924 als Konstruktivist. Darauf ging ich nach Paris und entwickelte mich, von Mondrian und Doesburg beeindruckt zum Neoplasticist. Besonders Mondrian hatte großen Einfluß auf meine Arbeit. Von 1926—1927 arbeitete ich in Amsterdam und von 1927 bis jetzt in Berlin und verfolge meine eigenen Wege und Bestrebungen. Ich versuche die Grundgedanken und Ideen des Neoplasticismus im Leben zu verwirklichen, auf dem Gebiete der Innenarchitektur und der Reklame. Außerdem arbeite ich nach wie vor als Maler abstrakte Kompositionen. Ich stellte meine Bilder in Berlin, Haag, Bern, Paris, New-York, Amsterdam, Hamburg, Hannover, München etc. aus.

Inseratseite. Das Wort „400 Anlagen" ist als Bild aufzufassen. Es ist mit einem Blick zu übersehen. Aus diesem Grund ist es auch aus der Richtung des Papierformates herausgerückt. Durch den starken Kontrast der großen und kleinen Schrift werden für das Auge 2 Ebenen geschaffen. Es tritt keine Undeutlichkeit für die eine oder andere ein, da das Auge sich 2 mal verschieden einstellt. Ein räumlicher Effekt ähnlich wie bei der Titelseite „Folkwangschulen Essen" von Burchartz, wo auch der Standardbegriff, das Institut, in ständiger Wiederholung den Untergrund bemustert und die jeweils verschiedenen Inhaltsangaben dick als Ueberdruck erscheinen. Schon die Begriffe Unterdruck und Ueberdruck zeigen, daß man es mit 2 verschiedenen Ebenen zu tun hat, einer hinteren und einer vorderen.

Fotomontagen für einen Prospekt über Ruths-Speicher. Die Fülle interessanter Einzelheiten, die bei der Fabrikation ersichtlich sind, ließen sich natürlich am bequemsten in einem Film zeigen: Man wandert um die Dinge herum, sieht sie von allen Seiten, sieht ihren Aufbau und ihre Wirkung. Hier wurde dementsprechend ein ganzer Film in ein Bild gebannt. Wichtige Standpunkte aus dem „Film" sind in räumliche Beziehung zueinander gestellt, sodaß das blitzartig wandernde Auge des Beschauers einen absoluten plastischen Eindruck gewinnt. Er wird in Bewegung versetzt und befindet sich mitten unter den Dingen.

45
Cesar Domela

ORENSTEIN & KOPPEL A.G.

BERLIN SW 61 · BRESLAU · DORTMUND · HAMBURG · KÖLN · KÖNIGSBERG · LEIPZIG · MÜNCHEN · SCHWERIN

ABTEILUNG

WAGGONBAU

KESSELWAGEN

FUR FLUSSIGKEITEN JEDER ART

Prospektblatt. Die betonte Blickgrenze ist rechts. Hier ist der Punkt, der dem Auge am nächsten liegt. (Siehe Einleitung) Das Auge wird stark ins Bildfeld hineingeführt (in diesem Fall nach links), gewinnt hier die hintere Raumgrenze und damit den Ausgangspunkt für die Schrift, die ja von links nach rechts gelesen wird. Exakt getrennt ist von einander Firmeninschrift und Bezeichnung des Objektes. Die Firmeninschrift ausserhalb des eigentlichen Bildes. Die Perspektive des Bildes ist stark unterstrichen, das Bild durch ergänzende Zeichnung vergrößert und gesteigert.

46

Cesar Domela

Inserat. Das Vogelschaubild einer Industrie. Die Ebene, auf der die
Fabrik steht, ist benutzt für die textlichen Mitteilungen. Ein einfaches
Linienschema in schwarz und weiss verdeutlicht sie. Das Auge des
Beschauers braucht sich nicht 2 mal einzustellen: einmal auf die
Schrift und einmal auf das Bild, sondern Schrift und Bild sind zu
einer Einheit verschmolzen, liegen in der gleichen räumlichen Ebene:
„Ein Blick aus dem Flugzeug".

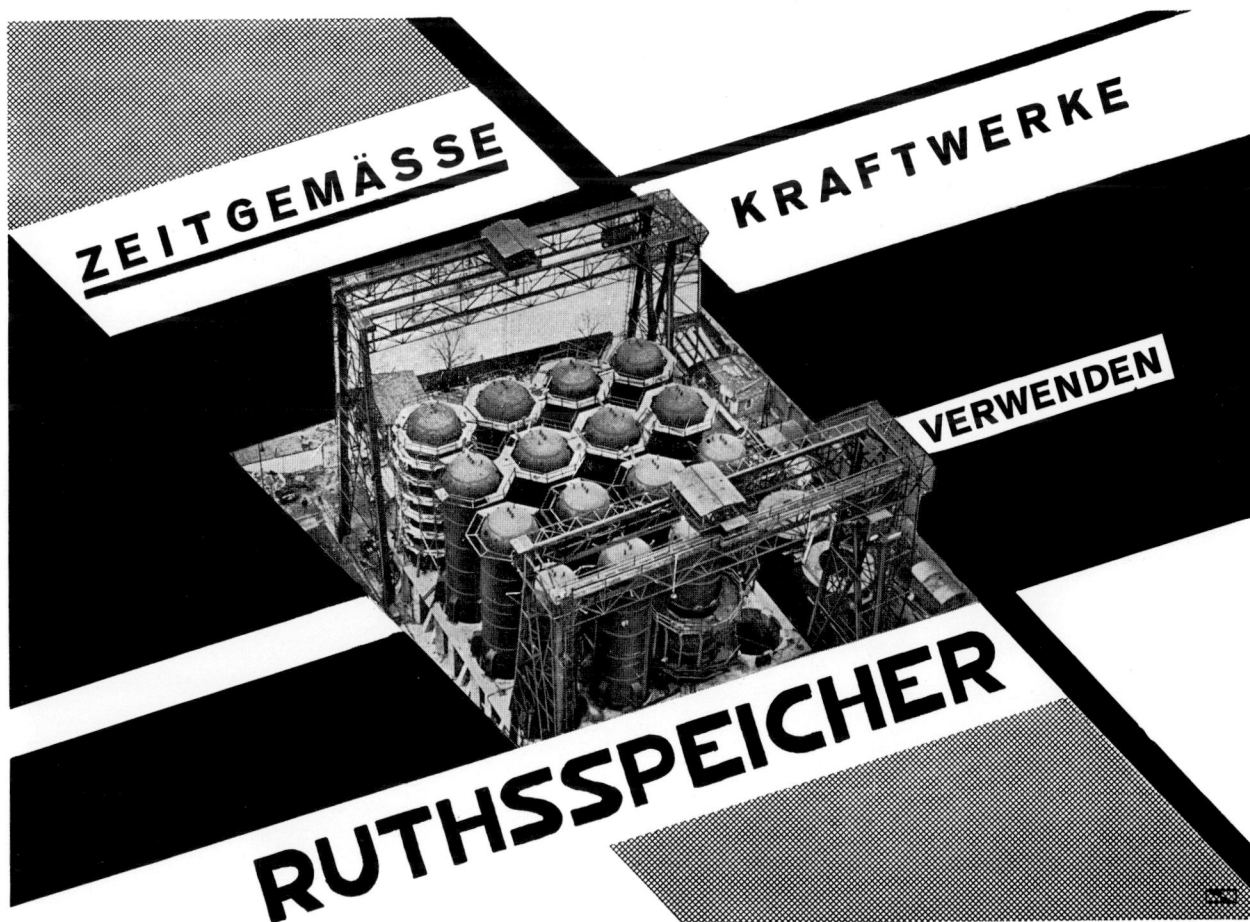

ZEITGEMÄSSE KRAFTWERKE VERWENDEN RUTHSSPEICHER

47
Cesar Domela

Dr. Hermann Elias

i. Fa. Gebr. Radetzki, Berlin SW 48, Friedrichstrasse 16.

Buchdrucker

geboren 1876

studierte Maschinenbau und Physik.

Zur Erreichung des einzigen Zieles der elementaren Typografie, der Sammelverständigung, wird als einziges Werkzeug die Setzmaschine benutzt, Dieses Werkzeug ist auch für die schwierigste Sammelmitteilung ausreichend. Es entstehen neue Satzbilder.

102, 104

102. Hannover—Kassel—Gleßen—Frankfurt a. M.—Darmstadt — Heidelberg/Mannheim/Ludwigshafen — Stuttgart

Täglich außer Sonntags

Sommer 1929 — Vom 21. 6. bis 31. 8. / Herbst 1929 — Vom 2.9. bis 30.9.

↓12.30 ↑15.15	↓10.10 ↑15.15	Hannover
↓13.30 ↑14.15	↓11.10 ↑14.15	Kassel
↓13.40 ↑14.05	↓11.20 ↑14.05	Kassel
↓14.30 ↑13.20	↓12.10 ↑13.20	Gießen
↓14.40 ↑13.10	↓12.20 ↑13.10	Gießen
↓15.05 ↑12.45	↓12.45 ↑12.45	Frankfurt a. M.
↓15.20 ↑12.30	↓13.00 ↑12.30	Frankfurt a. M.
↓15.35 ↑12.15	↓13.15 ↑12.15	Darmstadt
↓15.45 ↑12.05	↓13.25 ↑12.05	Darmstadt
↓16.05 ↑11.45	↓13.45 ↑11.45	Hdbg/Mhm/Lhfen
↓16.15 ↑11.35	↓13.55 ↑11.35	Hdbg/Mhm/Lhfen
↓17.00 ↑10.45	↓14.40 ↑10.45	Stuttgart

104. Halle/Leipzig—Frankfurt a. M.

Betriebseröffnung wird noch bekanntgegeben

Sommer 1929

↓10.45 ↑15.50 Halle/Leipzig
↓13.10 ↑13.35 Frankfurt a. M.

Aenderungen der Flugpläne werden laufend in den „Nachrichten für Luftfahrer" veröffentlicht. Verlag Gebr. Radetzki, Berlin SW 48.

74

---

275   Flugverbindungen und Flugpreise

Perpignan nach

Personen Franz. Fr.

500	Marseille 466, 467
1750	Rabat 466
1650	Tanger 466
300	Toulouse 466

Plauen nach

Personen RM — Uebergepäck Pf je kg

32	55	Augsburg 307, 309
14	30	Bayreuth 301
14	30	Chemnitz 307
25	40	Cottbus 307, 310
20	35	Dresden 307
18	35	Erfurt 303
10	25	Gera 308
20	35	Halle/Leipzig 301
10	25	Hof 301
17	35	Leipzig/Mockau 311
34	55	Meiningen 301, 304
38	60	München 307, 45
20	40	Nürnberg/Fürth 307
10	25	Rudolstadt/Saalfeld 303
24	40	Weimar 301, 304
10	25	Zwickau 301

Portorose nach

Personen Lire — Uebergepäck Centesimi

| 25 | 2 | Triest 432 |

Prag nach

Personen Tschech. Kronen — Uebergepäck Heller je kg

680	760	Baden/Baden 162, 44
970	1120	Basel 162, 531
1369	810	Belgrad 462

Ziffern hinter den Endhäfen bedeuten Nummern der Flugpläne

2 Seiten aus dem Reichsluft-Kursbuch Sommer 1929. Die Maschine verarbeitet die (gleichbreiten) Ziffern am besten am Anfang der Zeile. Ringe oder Keile drücken die Matrizen gegen den Anfang und bringen die Ziffern untereinander. Die Zahlen 102 und 104 sind noch Handsatz. Auch der Tabellenkopf ist Maschinensatz. Das Ganze ist ein Zusammenfluß aus 3 Arbeitsgängen.

1 Flugplannummer 2 Strecke	3 Entfernung	Reisen 4 flugplanmäßig	5 am gleichen Tage durchgef.	6 Regelmäßigkeit vH	7 Flugkm	8 Muster	Personen 9 beförderte Zahl	10 Personenkm	11 Platznutzung vH	Fracht 12 Menge t	13 tkm	Post und Zeitg. 14 Menge t	15 tkm
1	3 km	4	5	6 vH	7 km	8	9	10 km	11 vH	12 t	13 tkm	14 t	15 tkm
90 Krefeld—Köln	52	12	12	—¹	624	F 13	11	572	22,9	0,097	5,1	—	—
91 Osnabrück—Münster—Dortmund—Frankfurt	273	20	20	100	5 460	F 13	45	6 207	25,8	0,417	64,0	0,004	0,6
92 Krefeld—Essen/Mülheim	35	14	14	—¹	490	F 13	21	735	32,1	0,134	4,7	—	—
99 Essen/M.—Frankfurt—München .	495	20	20	100	10 100	Merk. F 24	107	24 220	38,6	2,078	559,3	0,072	21.3
100 Dortmund—Hannover	183	20	20	100	3 688	F II	9	1 647	11,3	0,139	25,4	0,001	—
101 Hannover—Erfurt—Nürnberg/F.—München	501	20	20	100	10 220	F II	68	9 477	36,3	0,330	97,5	0,008	2,6
102a Hannover—Kassel—Gießen—Frankfurt	273	20	20	100	5 474	F 13	56	7 122	34,6	0,340	72,9	0,004	0,5
102b Frankfurt—Darmstadt—Mannheim—Stuttgart	168	20	20	100	3 360	F 13	65	6 411	38,3	0,658	43,0	0,001	—
105 Bremen—Hannover—Magdeburg—Berlin	359	20	20	100	7 180	F 13	40	10 095	34,2	0,348	102,0	0,196	66,6
108 Hannover—Hildesh.—Gosl. Quedl.—Halle/L.	209	20	20	100	4 180	F 13	16	1 531	7,8	0,161	14,8	0,009	1,8
111 Bremen—Hann.—Halle/L.—Chemn.—Prag	518	20	20	100	10 360	F 13	91	14 592	37,5	0,962	193,2	0,042	8,9
121 Hamburg—Hann.—Frankf.—Stuttg.—Zürich	724	20	20	100	14 489	A 17	212	56 319	48,3	2,552	708,1	0,222	91,6
122 Hamburg—Magdeburg—Halle/L.—München	649	20	18	90	13 032	F II	112	17 767	58,8	0,704	240,6	0,021	6,2
124 Lübeck—Kiel—Flensburg	132	20	20	100	2 640	F 13	30	1 916	18,8	0,163	12,8	0,002	0,1
125 Hamburg—Bremerhaven	92	20	18	90	1 696	F 13	16	1 472	22,2	0,056	5,2	0,003	0,3
126 Hamburg—Bremen—Amsterdam	394	20	20	100	3 940	G 24	34	8 220	30	1,889	691,4	0,072	21,6
137 Stettin—Stolp—Danzig—Elbing—Königsbg.	520	20	18	90	10 285	F 13	43	12 715	29,5	0,382	102,1	0,065	24,6
142 Düsseld.—Dtm.—Kassel—H./L.—Dresd.—Brsl.	734	20	19	95	14 637	F II	113	25 445	42,9	0,936	206,9	0,026	9,8
143 Amsterdam—Essen/M.—Dtm.—H./L.—Chemnitz	623	20	20	100	12 460	F 24	96	17 894	44,7	6,333	1 329,6	0,117	30.9
144 Gera—Halle/Leipzig	58	20	20	100	1 160	F 13	22	1 276	27,5	0,051	3,0	—	—
146 Kassel—Erfurt	103	20	20	100	2 060	F 13	12	1 236	15	0,068	7,0	0,005	0,5
147 Dresden—Berlin	161	20	20	100	3 220	F 13	42	6 762	52,5	0,149	24,0	0,009	1,5
148 Marienbad—Chemnitz—Berlin	286	20	20	100	5 720	F 13, A 17	113	17 822	50	1,047	170,2	0,340	64,7
156 Breslau—Halle/L.—Köln	708	20	20	100	14 300	Merk. F 13	75	29 065	40,5	1,018	391,2	0,020	8,4
157 Hirschberg—Görlitz—Dresden—Halle/L.	260	20	19	95	5 141	F 13	51	5 610	24,6	0,252	30,6	0,028	3,1
159 Gleiwitz—Breslau—Stettin	455	20	20	100	9 100	F 13	26	5 066	17,5	0,145	24,9	0,031	4,5
160 Gleiw.—Neiße—Hschbg.—Görl.—Cottb.—Berlin	465	20	9	45	7 590	F 13	50	8 187	27,8	0,257	47,9	0,555	83,6
162 Breslau—Prag—München	517	20	20	100	10 530	Merkur	82	16 544	43,6	1,220	394,6	0,055	17,0
163 Breslau—Hirschberg	94	40	34	85	3 772	F 13	65	6 110	42,8	0,141	13,3	0,014	1,3
PF 1 Berlin—Hann.—Ess./M.—Düss.—Köln—London	1028	11	11	100	11 461	F III, W 33				3,403	1 751,9	1,000	583,8
PF 2 London—Amsterd.—Essen/M.—Hann.—Berlin	1053	11	11	100	12 983	F III, W 33				9,524	3 858,7	0,141	38,5
F 3 Köln—Paris	405	10	10	100	2 199	F III				0,552	223,6	0,060	24,3
F 4 Paris—Köln—Düss.—Essen/M.—Berlin	924	10	10	100	4 203	F III				1,387	662,4	0,016	1,9
F 5 Berlin—Essen/M.—Köln	513	10	10	100	2 565	F III				0,286	122,0	0,015	6,0
PF 8 Berlin—Kopenhagen—Malmö²	512	3	3	100	1 536	F 13				—	—	0,053	27,1
		1242	1207	97,1	473 068		4045	989 994	39,4	82,639	29 981,9	9,638	3 496,9

607

—29/51. 6

¹ Bedarfsstrecke　　² Vom 30. bis 31. Mai

Eine Seite aus den „Nachrichten für Luftfahrer" Luftverkehrsstatistik).
Große Tabelle aus 3 gleichbreiten Zeilen zusammengeschoben. Wagerechte Augenführung ist erforderlich. Leserichtung des Kopfes und der Tabelle ist gleich.

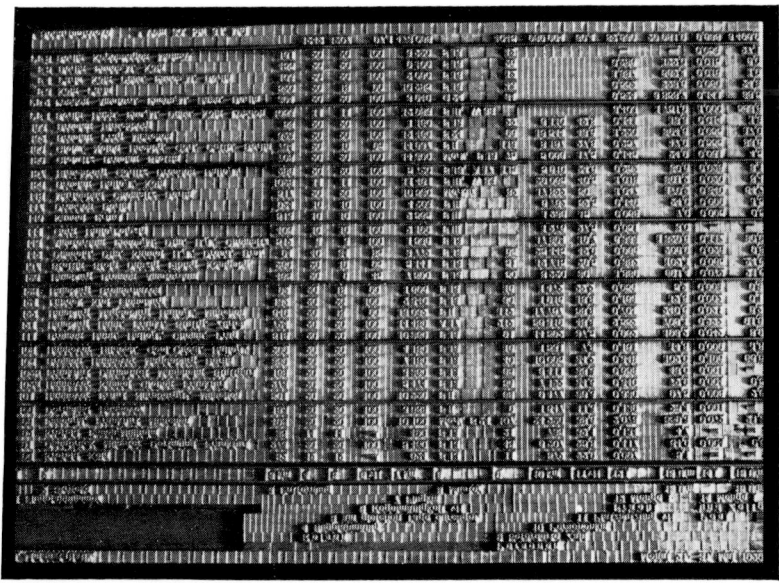

Die Seite in Blei. Technische Schönheit im Maschinensatz.

Betriebsordnung für den internationalen Flugfunkdienst
nebst Ausführungsbestimmungen für den deutschen Flugfernmeldedienst

Inhalt

Bemerkungen.
Die in den Anhängen angegebenen Zeiten sind
immer in GMT ausgedrückt.

Titel und Inhalt einer Betriebsordnung. Anwendung der vorgestellten
Ziffern auf das Buch. (Kein Vorsatz, kein Schmutztitel; ohne Hausflur
und Diele tritt man sofort in den Arbeitsraum). Der Leseweg zwischen
Inhalt und Seitenzahl ist das Mindestmaß. Verlesen der Seitenzahl
ist ausgeschlossen.

Berliner Verein für Luftschiffahrt e. V.
Gegründet 1881.
Berlin W 35, Blumeshof 17.
Geschäftsstunden: 10—12 Uhr; Postscheckkonto: Berlin 23270.
Fernsprechanschluß: Amt Lützow 2409.

Einladung zur 452. Vereinsversammlung
am Montag, den 17. März 1930, abends 8 Uhr im Aeroklub, Berlin W, Blumeshof 17.

Tagesordnung:
1. Geschäftliches.
2. Vorführung des Ufa-Films von der Taufe und dem ersten Aufstieg des Ballons
   «Reichsmilchausschuß»
3. Vortrag des Herrn Studienrat Dr.-Ing. Ewald:
«Neuere Arbeiten im Luftbildwesen»   Mit Lichtbildern.
4. Berichte über Freiballonfahrten.
Nach der Sitzung: Bierabend in den Räumen des Aeroklubs.
Gäste willkommen.
                          Der Vorstand.

Anspruchslose Gebrauchsdrucksache. Auf der Zwei-Magazinmaschine
fast ohne Handsetzerarbeit hergestellt. Scheulose Verwendung des
versetzten Schriftbildes in der gemischten Zeile („Mit Lichtbildern").
Soll die Zwiebelfisch-Accidenz ersetzen.

Werner Gräff

Schriftsteller und Typograf, Berlin-Charlottenburg 2, Kantstraße 149

Das Bild gewinnt gegenüber dem Wort immer mehr an Bedeutung. Also kann es auch dem Schriftsteller nicht mehr genügen, das Bild seiner Schrift als Beigabe hinzuzufügen — er muß es vielmehr als einen unlösbaren Bestandteil in seine Arbeit einbeziehen. Das setzt voraus, daß der Schriftsteller bereits beim Schreiben das Aussehen der fertigen Druckseite vor Augen hat:

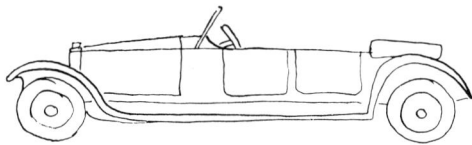

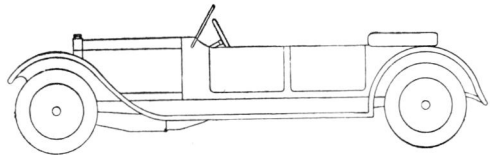

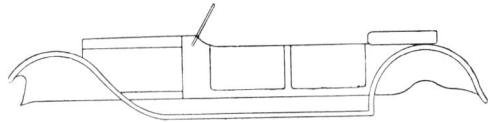

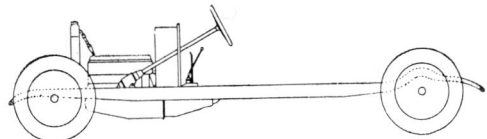

Der Drucker darf nicht vor unlösbare Aufgaben gestellt werden. Mithin erfordert solches Arbeiten Kenntnis wenigstens der Grundbegriffe der Typografie. Format, Satzspiegel, Schrifttype und Grad müssen von vornherein bestimmt sein. Und der Fall kann nur dann so einfach liegen wie bei dem gezeigten Beispiele, wenn der Buchinhalt wirklich in Bildern und Worten zugleich erdacht ist, wenn Bild und Wort durchaus gleichberechtigt sind.

Man hat derartiger Arbeit vorgeworfen, daß der Text zerrissen werde und ein unruhiges Satzbild entstehe. Man bleibt lieber bei der alten Art, an irgend einer Stelle mitten im Satz Anmerkungen einzufügen.

Denn da der Text ziemlich unabhängig vom Bild geschrieben ist, so lässt es sich auch selten erreichen, daß das Bild wenigstens auf der richtigen Seite steht. Man erzielt allerdings vielleicht eine gewisse Geschlossenheit des Satzbildes, aber nur auf Kosten des Lesers; denn der Lesevorgang wird alle paar Zeilen unterbrochen. Der Leser muß mitten im Satz anhalten, die nummerierte Abbildung nachschlagen, gar noch innerhalb des Bildes nach schlecht auffindbaren Buchstaben fahnden und schließlich den abgebrochenen Satz wiederfinden. Die Arbeit ist derart störend, daß viele Leser lieber auf das Suchen verzichten und ohne Bild weiterlesen. Ist es da nicht richtiger, den Lesevorgang wirklich zu erleichtern —· und sei es auch auf Kosten des äußeren Eindrucks vom Satzbild? Am folgenden Bild z. B. werden ein Dutzend Einzelheiten benannt, und doch steht alles inmitten des laufenden Textes:

Wir ziehen ein schützendes Overall aus blauem Stoff an (sog. Kesselanzug, wie ihn die Monteure tragen) und wollen jetzt den Wagen genauer besehen. Vieles kennen Sie schon:

das Verdeck

den Sucher

die Windschutzscheibe

die Motorhaube

den Kühler

die Scheinwerfer

das Nummernschild

die Kotflügel

den Stoßfänger

den Fahrtrichtungsanzeiger

das Trittbrett

das Ersatzrad.

Jetzt nehmen wir die Motorhaube ab und sehen den Motor mit allen seinen Nebenapparaten: Sie sehen den Kühler der durch eine Kühlwasserleitung mit dem Motor verbunden ist den Windflügel und den Vergaser
Der Motor, das wissen Sie schon, erzeugt die Kraft für den Antrieb des Wagens. Im Vergaser wird der Brennstoff (Benzin, Benzol) zerstäubt und mit Luft in einem solchen Verhältnis gemischt, wie es der Motor am besten verarbeiten kann. Kühler, Windflügel und Wasserpumpe sorgen dafür, daß der Motor nicht unzulässig heiß wird.

2

Der Leser wird mühelos an alle Teile herangeführt in dem Moment, da er sie wirklich aufsuchen soll. Das Satzbild ist zwar etwas unruhig, aber das Buch ist spielend zu lesen — und wir zweifeln nicht, daß bei wachsender Erfahrung Schriftsteller, Typograf und Drucker zur neuen inneren Einheit von Wort und Bild bald auch die äußere Geschlossenheit erreichen werden.

John Heartfield

Zeichner, Berlin-Charlottenburg, Bleibtreustraße 7.

Geboren 19. Juni 1991.

Neue politische Probleme verlangen neue Propagandamittel. Hierfür besitzt die Fotografie die größte Ueberzeugungskraft.

John Heartfield

Buchtitel. Aus dem Titel der Buchstabe „G" geht nichts hervor erst das Bild schafft Gedankenverbindung, läßt erkennen, daß es sich um einen Roman handelt, gibt auch Aufschluß über das Mileu, den vermutlichen Stoff. Die runde Form des „G" steht in Zusammenklang mit den Köpfen. Das Wort „der Buchstabe" steht schräg, tritt erst in zweiter Linie in Erscheinung und stört das Bild, das als solches mit dem „G" zusammenwirken soll, nicht. Auf der Rückseite erscheint nur das große „G", wie eine symbolhafte Zeichnung, als reiner Blickfang. Die Fotomontage gestattet, ausdrucksvolle Köpfe nach Wunsch zusammenzustellen und Steigerungseffekte zu erreichen (vergleiche Richters „G" Umschlag", das verängstigte Gesicht des Mannes am Automobilsteuer und den lachenden Frauenkopf).

Buchtitel. Die Aufgaben der Malerei waren in alter Zeit praktische Mitteilung bestimmter Inhalte durch Bilder. Erst in den letzten Jahrhunderten wurde die Kunst Selbstzweck. Durch die Reklame sind erst der Malerei wieder praktische Aufgaben zugefallen. Die Grundlage praktisch künstlerischen Schaffens ist die Weltanschauung, die religiöse im Mittelalter, die politische in der Gegenwart. - Hier ist symbolhaft zusammengestellt: der Geschäftsmann, der Oelquellen ausbeutet, Dollar und Luxusweibchen. Die Personen erscheinen hinter den Symbolen, die in Gold gedruckt sind. Die teilweise Verdeckung der Köpfe, besonders des Mädchens, macht sie besonders augenfällig und anziehend. Diese Menschen sind ja wie Götter vom Nimbus ihres Geschäftes oder Geldes umgeben. Durch den Rücken, der einen Ausblick auf eine rauchende Petroleumquelle zeigt, sind die großen Bilder rechts und links räumlich getrennt. Das Wort „Auflage 100 000" ist mit der Hand hereingeschrieben, wirkt dadurch als nicht zum Bilde gehörig.

54

John Heartfield

Fotomontage zum Buchtitel „Die Sintflut". Dargestellt der Untergang
des Kapitalismus (durch die Wolkenkratzer-Metropole symbolisiert). Die
Katastrophe ist in vollem Gang. Das Bild läuft auf Vor- und Rückseite.
Das Wasser stürzt von rechts (Ozean) herein. Nach links ist schon
alles überschwemmt. Rechts noch der letzte trockene Straßenschacht.
Das Auge ist gespannt auf diesen gerichtet. Hier die Stelle, wo man
den Buchdeckel aufklappt. Aus dem Buchinnern kommen die Wasser-
massen scheinbar hervor.

55
John Heartfield

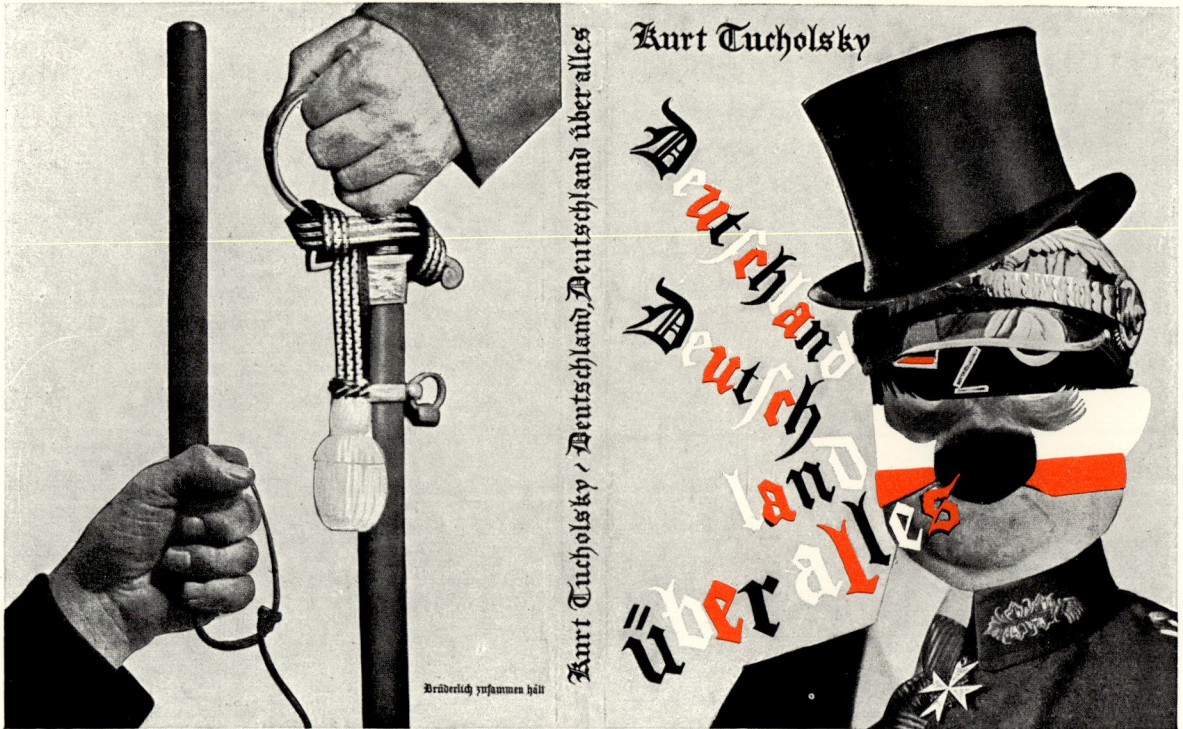

Buchtitel. Fotomontage, politische Satire. Die fotografischen Ausschnitte geben eine Fülle von Gedankenverbindungen, die durch die Art ihrer Zusammenstellung ins Lächerliche gezogen werden. So der Schnurrbart, die schwarz-weiss-rote Bartbinde, das bekannte Doppelkinn, der Zylinderhut, die gotische Schrift deren Buchstaben in den früheren deutschen Reichsfarben abwechseln. Bild steht auf der rechten Seite des Buchdeckels, dort wo man umblättert. Der gefühlsmäßige Schwerpunkt und Angriffspunkt, der damit auch den Deckel zuhält. Die Schrift ist mit dem Bilde verschmolzen. Die Person, das Bild, liegt dem Auge und der umblätternden Hand am nächsten. Das Auge gewinnt dann in dem sich frei entfaltenden Raum die Anfänge der Titelaufschrift. Die starke Vertikalgliederung der Rückseite ist wie ein Signal oder ein Kommandowort: „Halt!"

56

John Heartfield

Franz Krause

Architekt, Bodenbach, Flurenstraße 861

Zu meinen Sachen muß ich bemerken, daß ich als vollkommener Laie auf dem Gebiete der Typografie angefangen habe. Es war lediglich mein Wunsch, mit den vorhandenen Mitteln und in dem gegebenen Rahmen einen günstigeren Effekt zu erzielen. Die Mittel der Typografie: die Typen erlauben es, zusammenzubauen, Probedrucke zu vergleichen bis der Endeffekt zufriedenstellend ausgefallen ist; also eine Art Komponieren nach einem Ausleseprinzip. Die Intuition zu einer typografischen Arbeit erstreckt sich also nicht auf die Bildung neuer, eigener Formen, sondern nur auf den Zusammenbau und die Art und Weise des Zusammenbaus! — In diesen Grenzen kann sich die Fantasie ausspielen, aber nicht weiter! —

Die neue elektrische Handlampe

Lassen Sie sich die DAIMONA-Lampe im Laden vorführen und überzeugen Sie sich selbst!

Prospektblatt für eine Taschenlampenfabrik. Ein neuer Artikel wird dem Publikum bekannt gemacht Die Bezeichnung ist mit der Abbildung verbunden. Das Prospektblatt enthält zwei verschiedene Inhalte, die durch verschiedene Farben gekennzeichnet sind. Einerseits: den **Text** für den Kunden, die Bekanntmachung. Andererseits: das **Bild**, die Sache. Beide: Text und Bild berühren sich in dem roten Kreis, dem Blickfang.

57

F. Krause

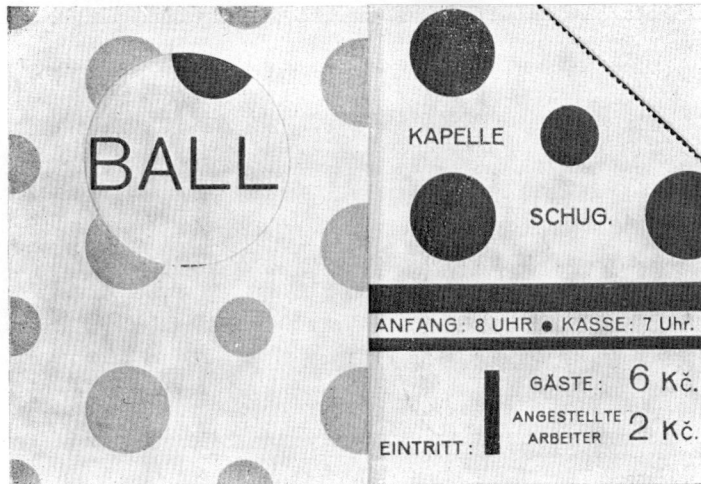

Einladungs- und Eintrittskarte für ein Kostümfest. Innenseite blau, Rückseite rot. Die Innenseite enthält die Angaben. Alles Anreizende und Stimmungmachende ist betont ("Ball", "Kapelle Schug") und mit einem Muster aus Bällen (Ideenverbindung: Luftballons) umgeben. Die Kontrollecke rechts oben fehlt leider und wurde ergänzt. Die Rückseite enthält nur ein Muster aus großen und kleinen Bällen wie die Vorderseite. Die Karte ist auf 1/3 gefalzt. Dadurch kommt das Rot der Rückseite nach vorne und wirkt hier mit dem Blau der Innenseite zusammen lustig und bunt. Das Muster ist an sich ganz regelmäßig. Durch die Ueberschiebung der blauen mit der rotbedruckten Seite besonders durch den runden Ausschnitt hinter dem vielversprechend und blickfangend das Wort "Ball" erscheint, entstèht jedoch ein mannigfaltiges und bewegtes Bild.

58

F. Krause

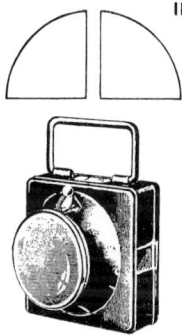

IM | KELLER
GARAGE
STALL
HOF
BODEN
TREPPE
FLUR

HELL!
NUR DURCH DAIMONA

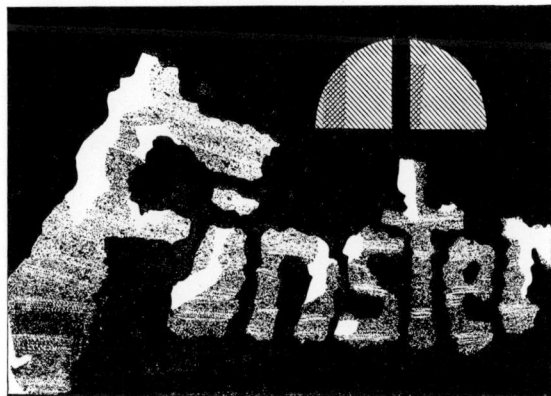

finster

Prospektkarte zusammengefaltet und aufgeklappt. Das Käuferpublikum muß auch mit den alltäglichsten Dingen überrascht werden können. Die neue Form eines für sich so bekanten Artikels wie eine Taschenlampe ist ja noch kein Grund ihn sich besonders anzusehen. - Am wirksamsten läßt sich immer durch Gegensätze verfahren, beispielsweise: „registrieren" (Ordnung · Unordnung) oder „kukirolen" (gesunde Füße - Hühneraugen) usw. So auch hier: Beispiel und Gegenbeispiel. Statt der Sache ist also die **Funktion der Sache** gezeigt. Entsprechend das Wort „finster" undeutlich und tastend, der Text auf der Innenseite klar und deutlich. Farben: Außen schwarz, innen gelb mit roter Schrift.

59

F. Krause

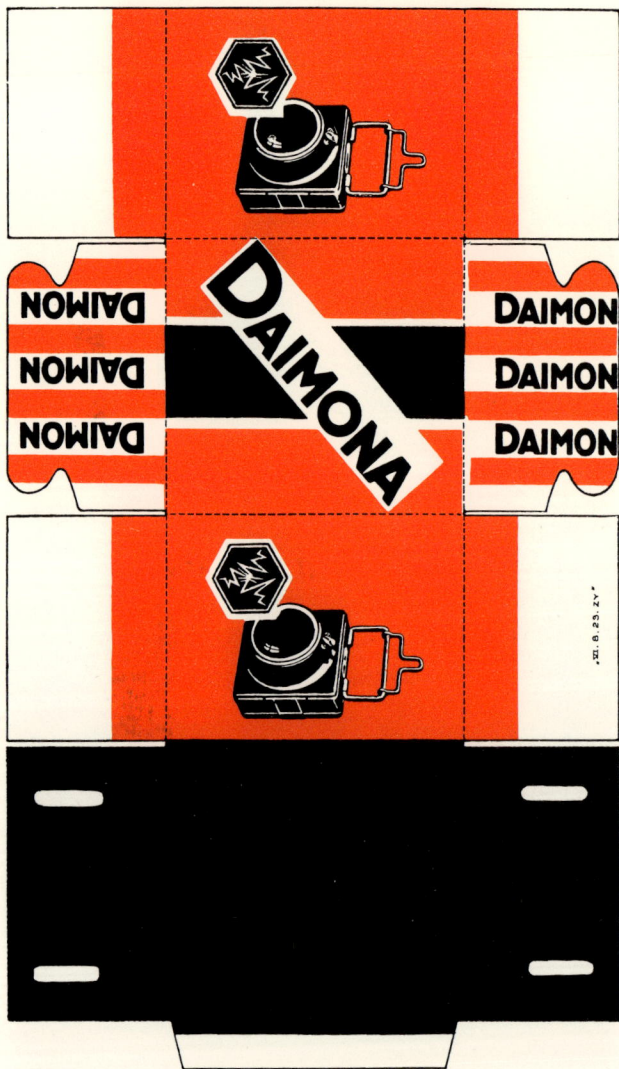

Faltschachtel für eine Taschenlampe. Die Packung zeigt auf allen Seiten verschiedene Bilder. Man kann sie daher wie Bauklötze auf mannigfaltige Weise zu Aufbauten im Schaufenster verwenden. Es befindet sich dann jeweils eine andere Seite vorne.

Geschwister Leistikow

Frankfurt a. M. Ginnheim Fuchshohl 56

Hans Leistikow, geboren 1892.
1907 – 1913 Akademie Breslau.
1914 – 1920 Maler Breslau.
1921 – 1925 Gebrauchsgrafiker Breslau.
1926 Leiter der grafischen Abteilung am Hochbauamt Frankfurt M.

Grete Leistikow, geboren 1893.
1911 – 1926 Fotogr. E. Reichelt, Breslau.
1927 Selbständige Fotografin Frankfurt M.

Es gibt wohl keine gebrauchsgrafische Arbeit, die nur vom Künstler gemacht wird. In Wirklichkeit zeichnen immer zwei verantwortlich, Künstler
und Auftraggeber. Der Auftraggeber ist also Vorbedingung für diese Art,

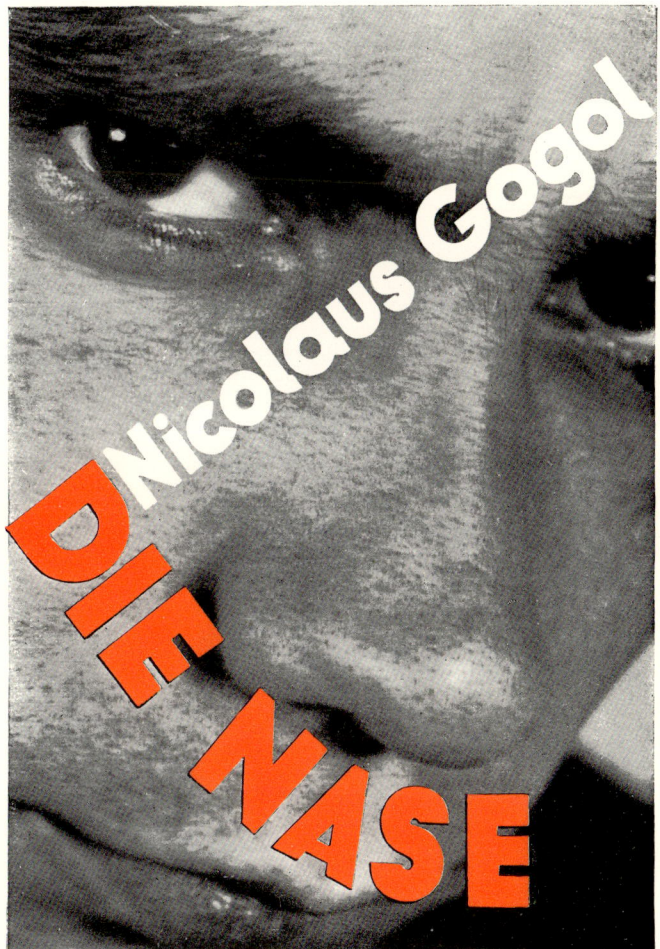

Buchtitel. Einfache Symbolisierung. Die Verwendung des Fotos kann
die Gefahr enthalten, daß der Leser einen Voreindruck erhält bezüglich
der in dem Buche handelnden Personen. Dieser Voreindruck beraubt
ihn unter Umständen der notwendigen Jllusion, die er durch die Lektüre
sich ja gerade aufbauen soll. Nur wenn es gelingt, das Foto über das
Individuelle hinaus, zu etwas Typischem, symbolhaften zu steigern wird
diese Klippe vermieden sein - die Schrift ist schräg gestellt, das Bild
wirkt also entscheidend an erster Stelle, der Buchtitel ist durch Rot-
druck hervorgehoben.

denn er verkörpert die Bindung, die derartige Arbeiten von rein künstlerischen unterscheidet. Ich will damit sagen, daß es falsch ist, den Auftraggeber als notwendiges Uebel zu bezeichnen und daß seine Nieder-
kämpfung durch den Künstler die Gewähr für eine erstklassige Arbeit
ist. Es besteht im Gegenteil die Gefahr, daß derartige Dinge zu Gebilden
werden, die keine Grafik mehr sind und noch keine Kunst.

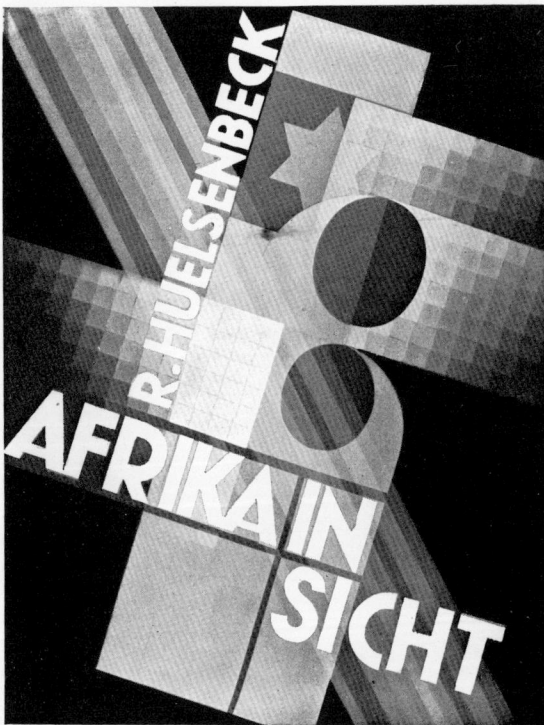

Buchtitel: Fotogramm, stilisierter Dampfer, der Charakter des Kolo-
nialen ist getroffen. Schrift, als Teil des Bildes und schräggestellt,
wird erst auf zweiten Anhieb gelesen.

Plakat: Ein modernes Erzeugnis der Stuhlfirma ist abgebildet, die junge Dame, die darauf sitzt, deutet an, daß man es mit einem eleganten Möbel zu tun hat, sie schaut nicht ins Bild das wäre unsachlich und würde ablenken. Stellung des Stuhles und Haltung des Körpers leitet zur Firmeninschrift über. Vorderste Augengrenze links, das Bildfeld rechts begrenzt und abgeschlossen durch das Firmenzeichen.

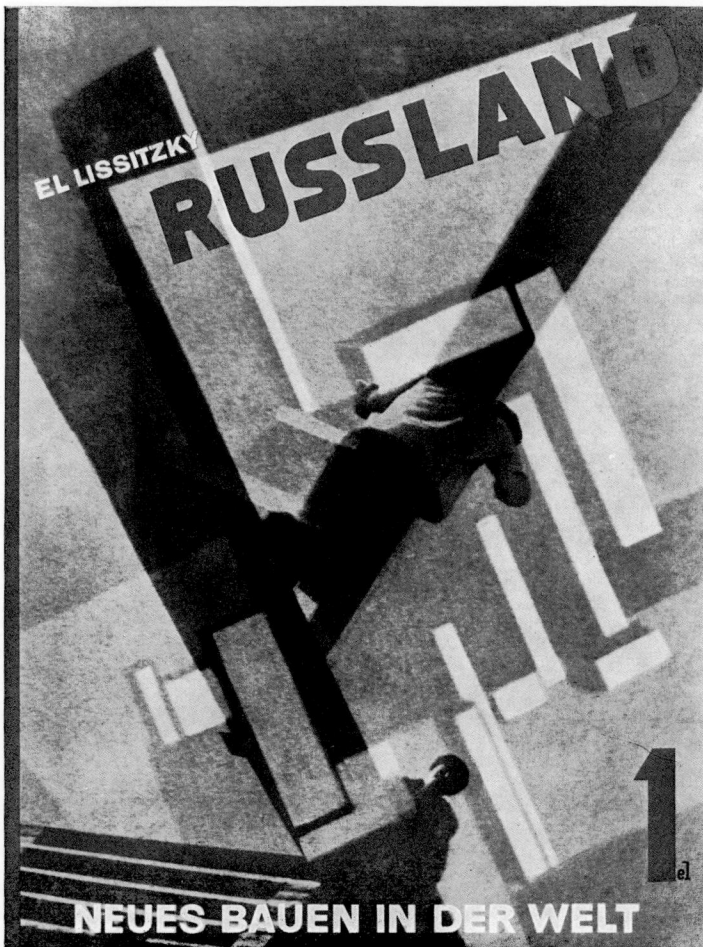

buchtitel. die archtektur ist durch die eroberung der luft in ein neues stadium getreten. die alten begriffe der schwerkraft sind durch das flugzeug, durch 1 km freigespannte brücken, durch kragkonstruktionen überholt worden. hier ist gezeigt ein bild aus großer höhe auf eine baugruppe. (bei der neuen architektur kommt es auch auf die ansicht von oben, vom flugzeug, an). in dieser schwindelnden höhe balancieren bauarbeiter auf schmalen konstruktionen. das gefühl der luft, des irrationalen der neuen dimension, ist durch die veratuschung der perspektiven und die übereinanderkopie zum ausdruck gebracht. (der bauarbeiter mit dem balken in untersicht, steht zum erdboden kopf, aber das fällt garnicht auf; unser auge sieht nicht perspektivisch genau). schrift in der leicht lesbaren richtung von links unten nach rechts oben, ist in enge beziehung zum bild gestellt. (schrift im original rot).

KUNSTGEWERBEMUSEUM ZÜRICH

USSR

RUSSISCHE AUSSTELLUNG

1929
24 MÄRZ – 28 APRIL

plakat für eine russische landesausstellung. zwei köpfe, der männliche und weibliche, sind zu einer einheit verschmolzen und werden daher mit einem blick gesehen. perspektivisch das eingangstor symbolisch für die neu einbrechende zeit. die vordere grenze für das auge ist links. das auge läuft nach hinten, ohne eigentlich eine hintere bildgrenze zu finden. auch die köpfe weisen ja nach rechts. der text ist als aufschrift mit dem bild verschmolzen. (vergleiche das bild schocken in der einleitung.)

65

el lissitzki

Robert Michel

Architekt, Frankfurt a. M., Kronprinzenstr. 8 III.

27. II. 1897 geboren - Vockenhausen - Industriedorf - Taunus. Dorfschule.

Ab 1906: Wohnsitzwechsel zum Besuch weiterer Schulen: - Maschinenbau -.

Ab 1914: Studium und Praxis: Automobil- und Motorenbau - Flugzeugwerft Hannover - Waggonfabrik Gotha - Materialprüfungen, Statik, Aerodynamik, Konstruktion, Flugzeugbau, Großflugzeugbau - Flugzeugführer, kein fester Wohnsitz.

Ab Winter 1917: Umsattelung infolge Kriegsbeschädigung - Großherzl. Hochschule f. bld. Kunst Weimar - Malerei, Grafik, Architektur. Daneben Anatomie, Naturwissenschaft, Bühnentechnik.

Ab Juni 1918: Arbeiten in Druckereien und Studien auf eigene Faust: Autodidakt in Weimar.

Ab Oktober 1920: Atelier bei Eppstein - Taunus - (Daneben: Büroarbeit in einer Fabrik Bauarbeiten, Baupraxis, Bauleitungen u. a.) Sukzessive Realisierung der ökonomischen Typisierung aus den Funktionszwecken heraus in Malerei, Grafik, Giebelreklame, Lichtreklame, Ladenumbauten und Kleinbauten.

Ab 1927: dazu Architekturbüro - spezialisiert - in Frankfurt.

Ware, Produktion, Betrieb usw. muß ich eingehend kennen. Absatzgebiete, Konsumenten u. s. w. muß ich mit ihrem ganzen Milieu studieren. Die zweckmäßigsten Werbungsarten muß ich sondieren. Die Aufgaben, die ich sehe, genau formulieren u. s. w,

Kurz: wenn ich den ganzen Weg (des Produktes, der Sache, der Idee u. s. w. um die ich werbe) vom Urbeginn der Produktion bis zum Endziel: Absatz beim Verbraucher u. s. w. genau „intus" habe, dann entscheiden die ökonomischen Erwägungen etc., wie weit meine Reklame Bestandteile des ganzen Betriebes werden muß. (Packungstyp etc.)

Noch während ich solche antiformale, antiästhetische Arbeit recht eingehend durchprüfe, entsteht ganz von selbst das Prinzipielle der Werbungsform. Von da aus entwickle ich die optische-ökonomische Zweckform in direktem Zusammenhang mit der Praxis (Verkauf etc.) u. s. w. Wo ich Versuche anstellen darf, folgert die Festlegung der optischen Zweckform aus den Resultaten der Versuchs-Praxis u. s. w.

Grundsätzlich vertrete ich den Standpunkt, daß das Grafische und Typografische Funktionswerte sind, um Zweck und Ziel der Werbung auf dem ökonomischen Weg zu erreichen u. s. w.

SAMENHAUS **KAHL** FRANKFURT MAIN 3

● LADEN: HASENGASSE 8
● HANSA 2206
● VERSAND: SCHWEDLERSTR. 5
● CAROLUS 42206

DEN

POSTSCHECKKONTO 96 FRANKFURT   GIROKONTO FRANKFURT·M
EFFEKTEN- U. WECHSELBANK

MARK: FÄLLIG SEIT DEM:

Nach Ausweis meiner Bücher ist der obige Betrag noch nicht von Ihnen ausgeglichen. Sie haben dies im Drange der Geschäfte wohl nur übersehen. Ich verlasse mich auf den guten Willen meiner Kunden und nehme an, daß Sie solche kleine Versehen auf meinen Hinweis hin gerne aus der Welt schaffen und sehe ich Ihrer baldigen Überweisung des Betrages entgegen. Stets gerne zu Ihren Diensten zeichne ich

Hochachtungsvoll

AUSZUG:

SOLL						HABEN	
DATUM	MEINE LIEFERUNGEN	MARK	PFG	DATUM	IHRE ZAHLUNGEN	MARK	PFG

43
STANDNUMMER

NOTIEREN SIE HIER WAS SIE INTERESSIERT HAT

SAMENHAUS **KAHL**

SAMENHAUS **KAHL**

SAMENHAUS **KAHL**

SAMENHAUS **KAHL**

BENÜTZEN SIE DANN DIE EINLIEGENDE KARTE

SAMENHAUS KAHL FRANKFURT MAIN 3
LAGER UND VERSAND SCHWEDLERSTR: 5
FERNSPRECHER AMT CAROLUS NR: 42206
STADT-GESCHÄFT IN DER HASENGASSE 8
FERNSPRECHER AMT HANSA NR: 2206
TELEGR: SAMENHAUS FRANKFURT MAIN

SEIT 1779 SIND WIR SPEZIALHAUS DER SAMENBRANCHE FÜR FELD UND GARTEN UND FÜHREN NUR QUALITÄTSWAREN

Geschäftsformulare für eine Samenhandlung. Der Laden dieser Handlung wurde vom Architekten umgebaut. Die Typografien des Geschäfts sind eng mit der ganzen Architektur verwachsen. Die eckigen Buchstaben „Kahl" stehen als grosse Lichtreklame über dem Eingang. Charakteristisch als Merkmal für das Auge ist die Verbindung „Kahl" mit dem Pfeil. Der Pfeil bildet die, je nach Absicht und Zweck variierende optische und grafische Funktionsform der Kahl-Reklame. Zweckmäßig für die Blickrichtung: Der Pfeil kehrt entweder zum Firmennamen zurück und konzentriert das Auge darauf wie in dem Samenbestellzettel „Stand Nr. 43" oder er lenkt das Auge weiter auf die Adresse oder auf eine Spezialität. Aller Text ist „hinten angerückt", die vorderste Grenze des Bildfeldes für das Auge rechts.

SAMENHAUS **KAHL** FRANKFURT MAIN 3

● HASENGASSE NR 8
● HANSA NR 2206
● SCHWEDLERSTR. 5
● CAROLUS 42206

NR

KANARIENVOGEL

VOGELSAND

Aufdrucke für Packungen, Tüten ectr. Wieder Verwendung des Pfeiles: Diesmal variiert, zur Charakterisierung einer bestimmten Produktenklasse. Die schraffierte Fläche über „Vogelsand" ist ein kleiner Gebrauchsanweisungstext. Weisse Felder im Halbkreis des Pfeiles sind transparent wie ein Fenstercouvert und lassen sofort die Ware erkennen, die sich in der Packung befindet. (Kontrollsystem) Stellung des Pfeiles und des Flügels ist logisch. Auch die Stellung des Gebrauchsanweisungstextes: Augengrenze rechts; man sieht von rechts her in das Bild herein entsprechend dem Ablauf der Schrift.

68
Robert Michel

moholy-nagy

professor, berlin w 50, spichernstr. 20 gh IV

ich bin 34 jahre alt und bin maler.

das wesentliche des typografischen fortschritts ist nicht eine formale, sondern eine organisatorische errungenschaft: die heutige typografie ist keine setzarbeit mehr, sie ist zu einer drucktechnik geworden, in der die montage als „modellarbeit" — mit anderen mitteln als das setzen — außerhalb des druckbetriebes durchgeführt werden kann.

die ungeheure verbreitung des heutigen nachrichtendienstes — zeitung, illustrierte zeitschrift, magazin — ist die basis der neuen entwicklung geworden. die erfindung der fotografie, die daraus fließenden reproduktionstechniken werten die vorbereitung einer druckarbeit grundlegend um. anstelle des setzers tritt der „monteur des druckmodells". die aus foto, hand- und schreibmaschinen-schrift, satzstück, farbe etc. zusammengestellte seite wird fotografisch reproduziert, und nach der fotoplatte eine druckplatte hergestellt. der druck kann dann in einer von ökonomischen überlegungen her zu bestimmenden drucktechnik ausgeführt werden.

zweifellos werden in der zukunft nicht nur akzidenzdruck und illustrierte zeitschrift in dieser weise hergestellt. sondern auch bücher. diese entwicklung hängt allein von der zukünftigen technischen preisentwicklung der „druckplatte" ab. wahrscheinlich bringt die ausschaltung der teuren zinkografischen techniken die lösung. diese zukunftstypografie erlaubt eine vollkommene auflockerung des ganzen optischen bildes. die hori

prospekttitel. fotomontage. die gleiche fotografie ist zweimal verwendet, lediglich diagonal zusammengestellt. es entsteht der eindruck starker räumlicher spannung. durch die entgegenlaufenden verkürzungen hat man es mit verschiedenen raumebenen zu tun. die beiden stärksten punkte sind die in der diagonale stehenden vorderen blöcke, die dreiecksfelder oben links und unten rechts wirken gegenüber dem geschehen in der mitte, das wie eine maschine in tätigkeit anmutet, ruhig. hier kann das auge text erfassen, er beschränkt sich auf die nummer 14.

zontal-vertikale werkgerechtigkeit des handsatzes wird damit aufgehoben. den neuen typografen — „typografischen modellhersteller" — in der zukunft nur das gesetz leiten, das der typografischen aufgabe innewohnt.

Moholy=Nagy

prospektumschlag. piscator raumbühne, ein projekt von gropius, ist der vorstellung mit zu grunde gelegt. fotomontage aus elementen revolutionärer bühnentechnik und einer zuschauermenge. auch hier beabsichtigt vor allem räumliche spannung. das auge wird stark in das bild vom unteren rande aus rechts hineingeführt. die aufschrift ist schräg gestellt, tritt erst in zweiter linie in erscheinung. bild dominiert.

70

moholy-nagy

fotomontage für eine gartenbauausstellung. gedankenverbindungen: blumen, landschaft, gesundheit, kinder, glück, zufriedenheit. perspektivische beziehungen; der weite räumliche eindruck, den man auf den ersten blick hat, ist montiert, das heißt durch ständige zusammenstellung von nahbildern und fernbildern erreicht, beispielsweise die gruppe des vaters mit den kindern. rechts darüber ein einblick in eine siedelung, in kleinem maßstab mit starker verjüngung. darüber wieder ein etwas näheres element, das die fernsicht des bildes darunter besonders unterstreicht, zumal durch die ähnlichkeit der straßen. das auge wandert langsam in die tiefe **von rechts nach links über** gartentreppen, sträucher und blumen in landschaft und architekturgärten durch schattige parkwege usw.: so entsteht eine neue Landschaft, die einheitlich wirkt und lieblich anmutet, ohne daß ihre elemente irgend einem perspektivischen zwange unterliegen. das auge des menschen kombiniert ja ohne perspektivisch genau zu sehen. die mittel der fotomontage erlauben es landschaften zu gestalten, wie es in ähnlicher weise in wirklichkeit nicht möglich ist. sie erlauben es jeden gewünschten eindruck aus vorhandenem fotomaterial, das ja besser und exakter ist als die zeichnung der hand, mit hilfe der fantasie des künstlers zu erreichen.

buchumschlag. starke räumliche blicklenkung. die bildebene ist so
gedreht, daß der kopf die aus dem lesen unserer schrift gewohnte
haltung nach links einnehmen muß, was ganz dem buchdeckel ent-
spricht, den man ja von rechts nach links aufklappen muß. der inhalt
des buches ist versinnbildlicht durch die glasscheibe. es kam darauf
an, diese glasscheibe sichtbar zu machen, einen sinnlich erfaßbaren
eindruck von diesem Material zu vermitteln.

72
moholy-nagy

Brüder Rasch

Architekten, Stuttgart, Neckarstraße 208.

Heinz Rasch, geboren 15. Februar 1902, Charlottenburg. 1916 Kunstgewerbeschule Bromberg. 1920—1923 Technische Hochschule Hannover und Stuttgart.

Bodo Rasch, geboren 17. Februar 1903, Elberfeld. Studium landwirtschaftliche Hochschule. Praktisch tätig als Schreiner bis 1926.

Ziel unserer Arbeit war seit je: Reproduktion. Vor 1922 Holzschnitte (Ende 1922 in Stuttgart ausgestellt). 1923 eine eigene Fabrikation für Holzbeleuchtungskörper und Kleinmöbel. 1924 auf Stühle beschränkt. Seit 1926 Durcharbeitung von Haustypen für industrielle Produktion in gemeinschaftlichem Architekturbüro. Typografieen entstanden - auch aus der Freude an der Reproduktion - zuerst für den Vertrieb unserer eigenen Erzeugnisse.

Unser Bestreben ist, wie in allen unseren Tätigkeitsgebieten, auch in der Typografie die ihr zugrunde liegenden Gesetzmäßigkeiten aufzufinden und Regeln festzustellen, die erlernbar und für jede typografische Aufgabe anwendbar sind. Damit ist man vom „künstlerischen Einfall" unabhängig geworden. Ein „schöpferisches Talent" wird dadurch nicht eingeschränkt, sondern erhält im Gegenteil neue Entfaltungsmöglichkeiten.

Heinz Rasch   Bodo Rasch

Plakat und Katalogtitel für eine Ausstellung. Dominierend die Worte „Haus" „Kind". Alles übrige sekundär behandelt, zusammengefaßt durch den roten Streifen links. Wie ein Fähnchen flattern die beiden Schlagworte an der roten Stange.

AUSSTELLUNG HAUS und KIND IM ZOO BERLIN 29 APRIL BIS 9 MAI 1926

73

Brüder Rasch

Bäder-Prospekt. Strand, Wasser, Kind - der Hauptinhalt des Bildes. Die Schrift wie ein Schatten auf dem Strand läßt das Meer und das Persönchen noch stärker hervortreten, lenkt den Blick darauf hin. Genauer ist die Angabe seitlich wiederholt, hier wie auf einer Glasscheibe (durchsichtig), was ein Gefühl von Sauberkeit und Helligkeit ergibt.

74
Brüder Rasch

Plakat für den Ausstellungsstand einer Bauzeitschrift. Die Ausstellung befand sich in zwei verschiedenen Gebäuden in Berlin, im Sportpalast und in der Philharmonie, daher mußten die Besucher der im Sportpalast befindlichen Abteilung aufmerksam gemacht werden. Ein Foto von dem Ausstellungsstand bestand vor Beginn der Ausstellung natürlich noch nicht, daher mußte die Zeichnung aushelfen. Dies ist eine ganz einfache konstruierte Perspektive wie sie jeder zeichnen kann.

Die Schrift ist mit dem dargestellten Objekt eng verbunden, in den dargestellten Raum hinein komponiert. So wird Schrift und Bild immer zusammen gesehen. Farben: weißer Grund. Schrift schwarz und rot Bild in den Originalfarben des Standes gelb, rot, blau. (Der Stand war ganz mit Titelseiten und Probeseiten der Zeitschrift „Die Baugilde" bekleidet.)

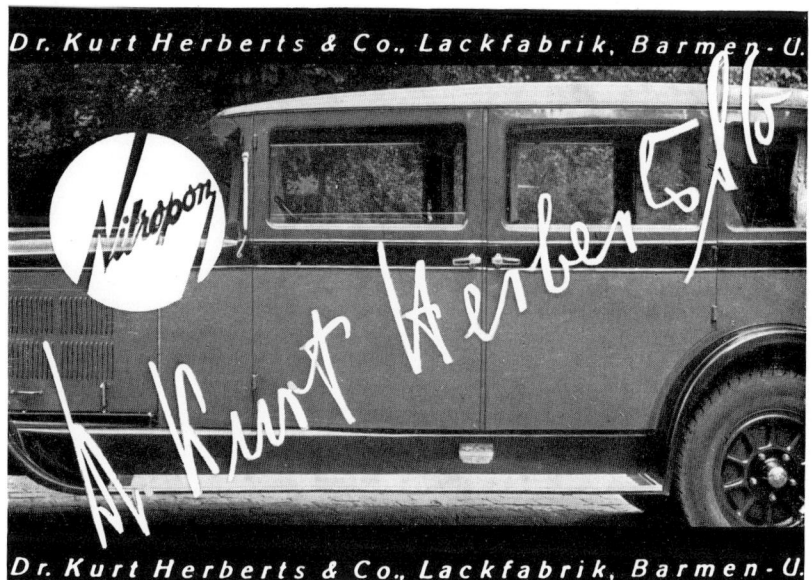

Inserat für eine Lackfabrik. Propagiert werden „Nitropon"-Automobillacke. Bildausschnitt ist oben und unten durch schwarze Leisten mit der Firmeninschrift gesetzt. Rechts und links sind keine Abschlüsse gegeben, da das Bild ja eigentlich noch weitergeht und das Auge den Eindruck haben soll, daß der Ausschnitt nur eine beliebige und zufällige Partie des Autos zeigt. Es kommt ferner darauf an, die Firma deutlich in Erscheinung treten zu lassen. Das Kennzeichen für alle Artikel der Firma ist das Faksimile. Dieses steht mit dem Warenzeichen zusammen wie auf einer Glasscheibe durch die man hindurch auf das Auto sieht.

Heinz und Bodo Rasch

Der Stuhl

Buchtitel. Ein Buch über Stuhlkonstruktionen. Gezeigt wird nur eine sitzende Person. Wie der Körper abgestützt werden soll, ist ja in dem Buche enthalten. Der Titel „Der Stuhl" ist sinnfällig über die Stelle gedruckt, wo in Wirklichkeit der Stuhl sich befinden müßte. Schrift steht als Luftschrift vor dem Bild wie auf einer Glasscheibe.

Heinz u Bodo Rasch

Zu

Offen

Türen und Fenster

Buchtitel. Ein Buch über Tür und Fenster - Konstruktionen. Die Titelworte existieren als allgemein bekannte Aufschrift an Eisenbahnwagentüren. Es war nur nötig, diese Stelle zu fotografieren. Verfasser und Aufschrift in schwarzen Streifen oben und unten, sekundär behandelt. Der Titel läuft auf dem Rücken weiter. Ähnlich wie bei dem Inseratentwurf für Herberts ist also der Blick nur oben und unten begrenzt. In der Horizontalen findet er ja schnell, worauf es ankommt. (Visierlinie, Horizont).

Hans Richter

Berlin-Grunewald, Trabenerstr. 25

geboren 6. April 1888.

Malerei: Berlin, Weimar, Paris. Seit 1920 Film.

Beschäftigung mit Typografie nur durch Herausgabe der Zeitschrift „G". 1923–1926.

Richtige Typografie dient dazu, das Lesen zu erleichtern, setzt das Satzbild „logisch", Ueber diesen Zweck hinaus kann man mit den Mitteln der Typografie einem Gedanken seine eigentliche Les-Form geben, — ihm direkte plastische Anschaulichkeit verleihen.

EXPRESSIONISMUS
UND FILM
VON
RUDOLF KURTZ

Den Einband zeichnete
PAUL LENI

Mit 73 ein- und mehr-
farbigen Abbildungen

Ganzleinen Preis 18 M.

VERLAG DER LICHTBILDBÜHNE
BERLIN SW 48 / FRIEDRICHSTRASSE 225
TELEPHON: HASENHEIDE 3201, 3202, 3203

5–6

Magazinumschlag. Dominierend der Magazintitel „G". Aus den Worten „Film" und dem starken Uebereinanderdruck ist versucht worden, die Fläche zu sprengen und eine räumlich rythmisch Wirkung zu erreichen. Die Zeichnung des Buchumschlages läuft auf Vor- und Rückseite.

Hier wiederholt sich der Buchstabe G noch einmal. Die schräg laufenden Filmstreifen mit dem angstvollen Autofahrer und dem lachenden Mädchen, dazu das Filmfotogramm mit dem Objektiv ergeben den Eindruck ungeheuerer Schnelligkeit, Vielfältigkeit und Anspannung.

Zwei Seiten aus dem ersten „G" - Magazin (1923). Die Ueberschrift läuft über linke und rechte Seite, enge Verbindung zwischen Bild und Text, durch Pfeil und Unterschriften besonders hervorgehoben.

Hans Richter

paul schuitema

architekt, mauritsweg 42 B, rotterdam

geboren 27. februar 1897
angefangen als künstler maler
ab 1926 werbesachen und innenräume; verschiedene ausstellungen
organisiert usw.

reklame ist weder kunst noch gestaltung.

reklame heißt nach vorne schieben.

sie hat keinen anderen zweck als materielle sowie geistige produktion des menschen zu propagieren.

sie entsteht aus der a u f g a b e, und diese aufgabe soll sie klar und deutlich erfüllen.

die aufgabe soll klar und deutlich sein und soll gebaut werden auf argumenten.

reklame ohne argument ist keine reklame; ist eine arbeitslose.

das argument betrifft ausschließlich den auftraggeber und soll grundlage für die lösung sein.

die idee der lösung ist der umbau der argumente zu optischer suggestion; sie soll sich dem tempo der zeit anschließen.

die lösung betrifft ausschließlich den entwerfer; er soll die argumente verstehen.

die technischen eigenarten des prozesses, in dem die aufgabe ausgeführt werden soll, bestimmen die form.

der entwerfer ist kein zeichner, sondern organisator der optischen und technischen faktoren.

seine arbeit soll nicht handarbeitlich sein; sondern soll sich beschränken auf notieren, gruppieren und technisch organisieren.

der entwerfer soll sich ein klares bild der sache machen.

jedes ding, das er gebraucht, soll steigerung der suggestion des argumentes bezwecken.

die lösung soll änderungen ertragen können. sie soll in ihrer organisation beweglich und in ihrer suggestion nachdrücklich sein.

kein faktor soll um sich selbst willen da sein.

reklame soll ökonomisch sein, weil sie zeitlich ist.

gestaltung als selbstzweck ist kunst und gehört nicht zur reklame. gestaltung als selbstzweck ist studium des entwerfers und gehört auf das atelier.

sie ist jeweils eine sache des künstlers und hat nur für ihn wert, damit er besser zur lösung seiner aufgabe imstande ist.

er studiert eben die optische suggestion seiner mittel, rein als experiment.

reklame ist nur folge aus reeller produktion.

meine arbeit soll sein wie ein baum; naturgemäß zum früchte tragen gewachsen.

für mich heißt das technisch: n a t ü r l i c h und u n g e z w u n g e n .

die gestaltung, welche die reklame dann von ihrer natur aus trägt, ist nicht die gestaltung der aufgabe, sondern unserer haltung den geschehnissen gegenüber.

kurz gesagt reklame soll sein:
reell, direkt, sachlich, konkurrenzfähig, argumentierend, aktiv. aktuell, funktionell, praktisch und technisch.

keine kunst, sondern wirklichkeit!

prospektblatt einer druckerei. die fläche ist räumlich aufgelöst. das einzige wort, das noch beziehung zum papierrand hat, ist auch gleichzeitig das schlagwort: „etiketten". die übrigen worte stehen in beziehung zum bild: zunächst die firmenangabe „c. chevalier". diese ist in die gleiche perspektivische richtung gesetzt wie das bild, gleichsam als basis dazu. sie liegt auf dem spiegel, auf dem die flaschen und büchsen aufgestellt sind, auf der grenze zwischen bild und spiegelbild. das bild und die firmenanschrift sind als einziges schwarz gedruckt und heben sich dadurch entscheidend heraus. die übrigen angaben sind zweiter ordnung, dementsprechend schräg übergedruckt: „für büchsen, dosen, flaschen".

plakat für eine **biscuitfirma.** gedankenverbindung: biscuits zum tee.
wiederholung des gleichen ist die älteste methode der schlagwort-
reklame. hier führt sie zu einem räumlichen aufbau des bildes. das
auge des beschauers wird in das bild hineingesogen durch die end-
lose reihe der tassen und bekommt in dauernder wiederholung die
bezeichnung des produktes vor augen geführt.

SLAGERSPLAAT
MET OPSTAANDEN RAND
(alleen op A, A dubbel, A D, C en F schalen)

VIERKANTE
SLAGERSPLAAT
(alleen op A, A dubbel, A D, C en 641 schalen)

RONDE SLAGERSPLAAT
(alleen op A, A dubbel, C, F, 603, 613/620
schalen)

CAKE PAN
(alleen op A, C en F schalen)

CAKE PAN OMGEKEERD

PLATTE HEKPAN
(op alle bankschalen behalve type 650)

ZAKKENPAN
(alleen op A, A dubbel, A D, C en F
schalen)

TUITPAN
(op alle schalen behalve op type 650)

STELSCHROEF MET GUMMI
VOETJE

EMAILLE SIERSCHAAL
(alleen op A, A dubbel en A D schalen)

NIKKELEN SIERSCHAAL
(alleen op A, A dubbel en A D schalen)

12

13

seiten aus einem prospekt für die dezimalwagen-firma berkel. die
verschiedenen wagschalen und wagplatten. bilder für sich, text für
sich, vertikal untereinander. das auge ist gewohnt, horizontal zu sehen
(die vertikale bewegung des auges ist wesentlich anstrengender als
die horizontale) verbindet stets den zugehörigen text mit dem bild
durch die zusammenfassung der bilder jedoch in einen block und der
texte ebenfalls für sich, ist die wirkung eine ruhige. das auge braucht
sich nicht von bild zu bild neu einstellen. das horizontale sehen des
auges ermöglicht es auch, die bilder vertikal sehr dicht untereinander
anzuordnen. durch den roten unterdruck erscheinen die gegenstände
besonders plastisch hervorgehoben, ähnlich wie figuren auf einer
pompejanischen wandmalerei.
(vgl. canis, seite 35: durch kurze vertikalfolge bequemes durch-
suchen aller gegenstände. „bilderlexikon".)

82

paul schuitema

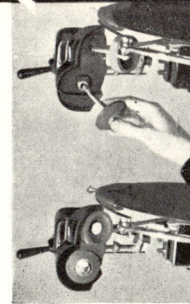

INWENDIGE GELEIDING DER VIERKANTE GELEIDSTANG.

In de vierkante geleidstangbevindt zich een sleuf, welke de tweede geleiding is voor de slede. Ook door deze inwendige geleiding wordt het besmeuren van handen, mouwen en te snijden waren voorkomen. Deze geleidstang is van buiten rood gelakt.

BOVENTAFEL GRENDEL.

De boventafel wordt door middel van een grendel vastgezet, het geen lossringen tijdens het snijden voorkomt. Het afnemen en opplaatsen is slechts een handbeweging.

GEMAKKELIJK VERSCHUIVEN DER BOVENTAFEL, LAGER GEPLAATST VLIEGWIEL.

De boventafel wordt zonder voorafgaandeuitschakelingmetuiterst lichten druk van twee vingers gemakkelijk verschoven, hetgeen de bediening zeer vereenvoudigt. Het lager geplaatste vliegwiel zorgt voor een geheel onbelemmerd in- en uitzetten van...

HANDIGE DIKTE-REGELAAR.

De dikte-regelaar is allereenvoudigste stelen met zijn handige greep en buitengewoon duidelijk leesbare cijfers. Geen peuterig handeltje maar een volle natuurlijke greep in overeenstemming met de hand

ROESTVRIJ MES. NIEUWE BREEDE MESKAP. SLIJPAPPARAAT MET UITNEEMBARE STEENEN.

Het mes is van roestvrij staal van de beste kwaliteit en op juiste hardheid getemperd. De nieuwe breede meskap is gemakkelijk afneembaar en gemakkelijk schoon te houden. Bij het slijpen en afbramen van het mes is de volgorde der steenen zoo geregeld dat de braamzijde van het laatst het mes raakt. Om het reinigen gemakkelijk te maken en te vereenvoudigen zijn beide steenen uitneembaar gestadig smeert.

AUTOMATISCHE SMERING.

Het soepel glijden der slede is geperfectionneerd. De smering geschiedt automatisch door midden van een sleeping in een oliebad der boventafel, die de geleidstang gestadig smeert.

EXTRA BREEDE BOVENTAFEL.

De extra breede boventafel is uit een stuk vervaardigd. De bijzonder ruime inspan-klem zin ook midden (figuur) van het speciale Berkel-type biedt gelegenheid voor het snijden van materiaal van de grootste afmetingen.

PRACTISCHE OVERKAPPING.

De aanzet spil en de ronde geleidstang zijn volkomen afgedekt, zoodat zij beschermd zijn tegen vuil en stof. Handen en mouwen kunnen het roestvrij staal verwaardigde mes, zijn ook alle andere deelen, die met het te snijden materiaal in aanraking komen van roestvrij materiaal of van melkglas.

prospekt für eine schinkenschneidemaschine. alle bilder für sich. die texte für sich. die bilder bestehen aus einer orientierenden ansicht und detailaufnahmen. die detailaufnahmen sind jeweils mit nummern in dem totalbild bezeichnet und an die entsprechenden stellen neben diesem herausgesetzt. die texte jedesmal als erläuterung daneben. die gesamtansicht ist in der mitte rot unterlegt, springt also als erstes ins auge. erst wenn das auge sie erfaßt hat, geht es ins detail und betrachtet nacheinander die einzelheiten. es sieht sie dann wie bei den bildern daneben. durch die rote farbe des nebenstehenden erläuterungstextes wird es wieder auf das mittelbild zurückgelenkt. ein filmartiger zwangsläufiger ablauf des sehens ist auf diese weise erreicht worden.

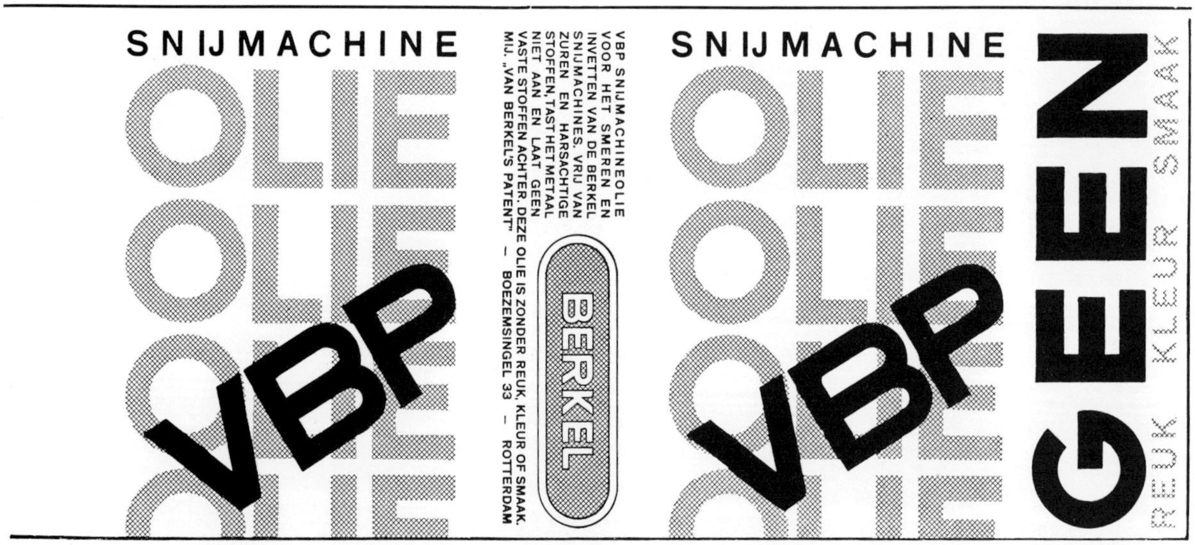

etikett für schmierölbüchsen. die büchsenhöhe ist variabel je nach ihrer Größe. es gibt halbkilo-, kilo- und zweikilobüchsen usw. es ist nun nicht für jede büchse ein besonderes etikett geschaffen, sondern eine standardform, bei der das wort „öl" sich ständig untereinander wiederholt und jeweils auf büchsenhöhe abgeschnitten ist. die sonderaufschrift für den büchseninhalt erscheint dann als überdruck. die überdruckschrift läuft von links unten nach rechts oben. das auge vermag in dieser richtung die schrift leichter zu lesen als umgekehrt. senkrecht untereinander gestellte buchstabenfolge ist für das auge schwer erfaßbar. dagegen sind wortgebilde, die vertikal von unten nach oben laufen, wenn sie nicht zu lang sind, für das auge gut leserlich. dies zeigt das etikett für die niedrige büchse, bei dem das wort „öl" senkrecht angeordnet ist.

84

paul schuitema

SNIJMACHINE OLIE
VBP OLIE GEEN
REUK KLEUR SMAAK

BERKEL

VBP SNIJMACHINEOLIE
VOOR HET SMEEREN EN
INVETTEN VAN DE BERKEL
SNIJMACHINES VRIJ VAN
ZUREN EN HARSACHTIGE
STOFFEN TAST HET METAAL
NIET AAN EN LAAT GEEN
VASTE STOFFEN ACHTER
DEZE OLIE IS ZONDER REUK, KLEUR OF SMAAK.
MIJ. „VAN BERKEL'S PATENT", BOEZEMSINGEL 33, ROTTERDAM

Inserat. schräg gestellt und fällt dadurch aus dem satzbild heraus.
mit einfachen mitteln räumliche eindrücke: das wort „biedt" scheint
hinter dem firmennamen zu liegen, dahinter noch die angeschnittene
karte mit den bezeichnungen „een lot — kansen".

EEN LOT   KANSEN
EEN LOT   KANSEN
EEN LOT   KANSEN
EEN LOT
EEN LOT
BERKEL BIEDT ZEKERHEID
SNIJMACHINES - SNELWEGERS - WEEGWERKTUIGEN VOOR GROOTE CAPACITEITEN
N.V. MIJ. VAN BERKEL'S PATENT · BOEZEMSINGEL 33 · ROTTERDAM

85

paul schuitema

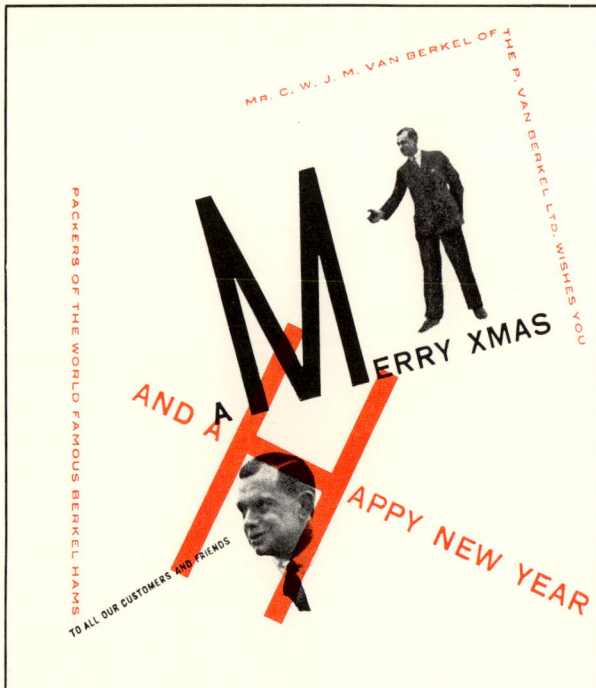

MR. C. W. J. M. VAN BERKEL OF THE P. VAN BERKEL LTD. WISHES YOU

PACKERS OF THE WORLD FAMOUS BERKEL HAMS

MERRY XMAS

AND A

HAPPY NEW YEAR

TO ALL OUR CUSTOMERS AND FRIENDS

gratulationskarte der firma berkel, zu weihnachten und neujahr. gratulationen für die beiden feste sind füreinander getrennt behandelt durch die verschiedenen farben schwarz und rot und die verschiedene stellung. der vorderste sehpunkt für das auge befindet sich links unten, entsprechend auch der große 'kopf.' das auge gleitet zuerst von hier aus auf die hinterste blickbegrenzung: den stehenden mann. dieser mann steht in einem feld, das räumlich begrenzt ist durch die firma. die druckanordnung ist also keine spielerei, sondern eine ganz bewußte blickorganisation. das auge wird zuerst auf die hinterste räumliche begrenzung gelenkt und arbeitet sich von hier nach vorn durch, in der reihenfolge: „van berkel von der firma berkel" usw. „wünscht frohe weihnachten . . . und glückliches neues jahr" und hier über dem kopf, der noch einmal groß erscheint: „allen kunden und freunden". bei der schrägstellung ist berücksichtigt, daß das auge die schrift in der diagonalen von links unten nach rechts oben leichter liest als in der umgekehrten diagonale. das auge findet also den angriffspunkt umso leichter.

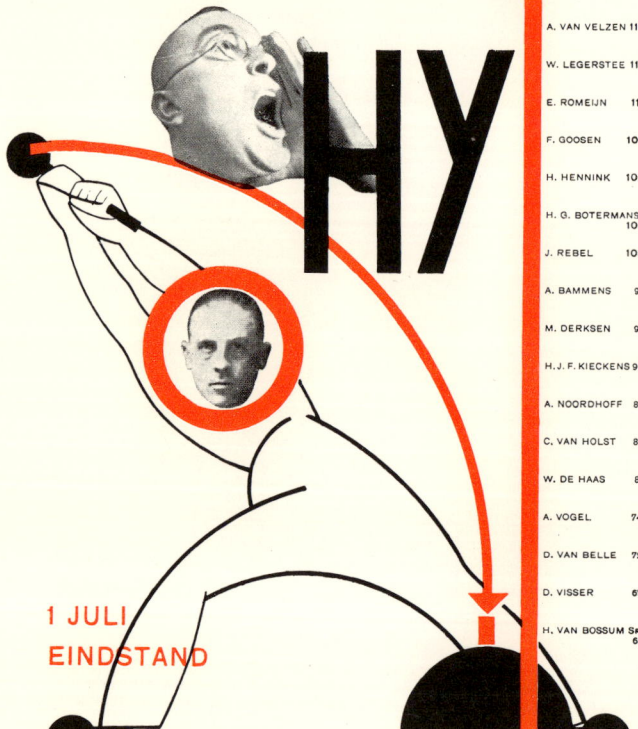

HOOGST

SLOEG HET

A. BOTERMANS Jr. 146,3 %
J. C. KOOPMAN 144,- %
D. DIJKSTRA 137,7 %
G. DIEPENHEIM 123,1 %
A. VAN VELZEN 118,8 %
W. LEGERSTEE 117,7 %
E. ROMEIJN 111,9 %
F. GOOSEN 107,5 %
H. HENNINK 106,8 %
H. G. BOTERMANS 106,7 %
J. REBEL 105,7 %
A. BAMMENS 95,5 %
M. DERKSEN 92,8 %
H. J. F. KIECKENS 90,- %
A. NOORDHOFF 87,6 %
C. VAN HOLST 86,7 %
W. DE HAAS 82,1 %
A. VOGEL 74,- %
D. VAN BELLE 72,4 %
D. VISSER 67,3 %
H. VAN BOSSUM Sr. 65,6 %

„BERKEL" WEDSTRIJD 1 JAN.—30 JUNI 1928

HY

1 JULI
EINDSTAND

RECLAME PAUL SCHUITEMA

prospektblatt für ein preisausschreiben der firma berkel. ein standardentwurf, in dem die variablen Größen: preisträger und namen, jeweils nach bedarf, eingesetzt werden können. die zeichnung stellt dar den preisträger „der den lukas haut", der kopf ruft: „er schlägt am höchsten". im zuge der schlaghöhe erscheinen der reihe nach die preisträger. am stärksten in erscheinung treten: der „rote ring mit dem kopf des preisträgers, das wort „er", das auf ihn bezug nimmt, und „am höchsten".

86

paul schuitema

geschäftskarte einer fotografen-apparate-firma. fotomontage. stärkste mittel räumlicher beziehungen. firma und das wort „optiek" stehen in beziehung zum papierformat und werden daher vom auge schnell erfaßt. der fotografen-apparat tritt aus dem bilde plastisch heraus durch den roten untergrund und durch die reklameinschrift, die den hintergrund verlängert. weit hinter dieser schrift, die wie auf einer glasscheibe wirkt, liegen dann die übrigen Gegenstände. das auge sieht also in einen tiefen raum hinein, von der firmenbezeichnung und dem worte „optiek" über das objektiv der fotografenkamera durch die glasscheibe hindurch.

OOK FOTO EN PROJECTIE

HET BESTE

OOK FOTO EN PROJECTIE

OPTIEK

GEBR. CAMINADA · EENDRACHTSWEG 55 ROTTERDAM

Inserat. durch schrägstellung der schrift fällt das inserat aus dem satzbild der zeitung heraus. durch den anschnitt der berkelmarken ist der eindruck gegeben, als ob das inserat in wirklichkeit noch viel größer ist. die „berkel"-marken sind in engste beziehung zum bilde gestellt, dadurch daß sie in der perspektivischen linienrichtung stehen. enge verschmelzung also von bild und firmenbezeichnung die übrigen worte: „genauigkeit, zuverlässigkeit, qualität in allen teilen" sind als eigenschaftsworte oder als unterstreichungen behandelt. eine genaue angabe der firma steht, ganz nebensächlich behandelt und erst bei genauem zusehen zu finden, auf den vorderen blickrändern unten und rechts.

BERKEL BERKEL BERKEL BERKEL BERKEL BERKEL

NAUWKEURIGHEID
BETROUWBAARHEID
KWALITEIT IN ALLE DEELEN

MIJ „VAN BERKEL'S PATENT", BOEZEMSINGEL 33, ROTTERDAM

SHOWROOMS. AMSTERDAM KERKSTRAAT 35. TEL. 37858. · DEN HAAG. STATIONSWEG 20. TEL. 13842 · UTRECHT, VOORSTRAAT 66. TEL. 14872

87

paul schuitema

Kurt Schwitters

Hannover, Waldhausenstr. 5.

Geboren 20. 6. 1887 in Hannover.

Ich besuchte das Realgymnasium in Hannover und mußte auf Wunsch meiner Eltern das Abiturientenexamen machen, denn ich sollte studieren. Für mich kam aber nur Malerei, Kneten in Ton, Dichten in Frage.

Ausbildung erlitt ich auf der Kunstgewerbeschule in Hannover ein Jahr und von 1909 bis 1914 auf der Dresdener Kunstakademie. Zwischendurch gastierte ich in Berlin auf der dortigen Kunstakademie und wurde als unheilbar unbegabt entlassen Meine Erfolge auf Kunstschulen waren nie groß, denn ich kann ja nicht lernen, das ist mein Kummer, und was ich selbst wollte und mußte, das stand nicht auf dem Programm. Für mich bedeutet Kunstschaffen und nicht imitieren, sei es der Natur, sei es stärkerer Kollegen, wie das so üblich ist.

Im Kriege da hat es furchtbar gegoren. Was ich von der Akademie mitgebracht habe, konnte ich nicht gebrauchen, das brauchbare Neue war noch im Wachsen, und um mich da tobte ein blöder Kampf um Dinge, die mir gleichgültig sind.

Und plötzlich war die glorreiche Revolution da. Ich halte nicht viel von solchen Revolutionen, dazu muß die Menschheit reif sein. Es ist, als ob der Wind die Aepfel unreif abschüttelt, solch ein Schaden. Aber damit war der ganze Schwindel, den die Menschen Krieg nennen, zu Ende. Ich verließ meine Arbeitsstelle ohne jede Kündigung und nun gings los. Jetzt begann das Gären erst richtig. Ich fühlte mich frei und mußte meinen Jubel hinausschreien in die Welt. Aus Sparsamkeit nahm ich dazu was ich fand, denn wir waren ein verarmtes Land. Man kann auch mit Müllabfällen schreien, und das tat ich, indem ich sie zusammen leimte und nagelte. Ich nannte es Merz, es war aber mein Gebet über den siegreichen Ausgang des Krieges, denn noch einmal hatte der Frieden wieder gesiegt. Kaputt war sowieso alles, und es galt aus den Scherben Neues zu bauen. Das aber ist Merz. Ich malte, nagelte, klebte, dichtete und erlebte die Welt in Berlin. Denn Berlin war die billigste Stadt der Welt, daher waren Millionen von interessanten Ausländern da. Meine Anna Blume feierte Triumpfe, man verachtete mich, schrieb mir Drohbriefe und ging mir aus dem Wege. Es war wie ein Abbild der Revolution in mir, nicht wie sie war, sondern wie sie hätte sein sollen. Uebrigens bin ich Künstler des Sturm und liebe Herwarth Walden wegen seines mutigen Werkes.

Und plötzlich war die Revolution wieder zu Ende. Aber in mir gärte es weiter, aber wie edler Sekt gärt, in Deutschland auf Flaschen gezogen. Ich baute auf, und es kam mir mehr auf das Bauen als auf die Scherben an. Mehr kann ich nicht über meine Kunst schreiben. Aber der Mensch will auch leben. Und so suchte ich wieder nach dem nächstliegenden Beruf. Dieses Mal war es die Reklame und die Gestaltung von Drucksachen allgemein. Ich habe im letzten Jahre allein mehr als 400 Drucksachen gestaltet. Ich bin zur Zeit künstlerischer Beirat der Stadt Hannover und seit 8 Tagen bin ich Mitglied des PEN-Clubs, was man so werden kann.

Mein Hauptgrundsatz bei der typographischen Gestaltung ist der, jedesmal das zum Ausdruck zu bringen, was ich im einzelnen Falle ausdrücken wollte. Genauer anzugeben, was z. B. Ziel typographischer Gestaltung sein kann, würde sehr weit führen. Es ist mir aber auch besonders wichtig, deutlich genug gesagt zu haben, daß es keine Regel gibt, etwa ein Schema, nach dem man immer wieder arbeiten könnte. Manchmal kann man für die einzelne Arbeit ein System schaffen, aber hier sind die Ausnahmen nicht selten. Man soll sich dadurch aber nicht beirren lassen, denn es ist das Wesen der Ideale nicht erreicht werden zu können. Diese Grundsätze sind ohne Ausnahme überall anwendbar. Wichtig ist nur, daß man ihre richtige Auslegung im einzelnen Falle kennt. Dazu braucht man aber nichts weiter als mit beiden Augen zu sehen und andererseits das Gesehene mit seinem Verstande richtig zu überlegen. Uebung macht den Meister, so auch hier; und so erkennt man häufig beim Arbeiten ähnlicher Dinge, daß man sich selbst und sein System korrigieren muß. Lehrreich ist aber immer die Beschäftigung mit verwandten Gebieten, denn das Gleichnis ist neben der Erfahrung der beste Lehrmeister der Menschen.

Kurt Schwitters.

MERZ

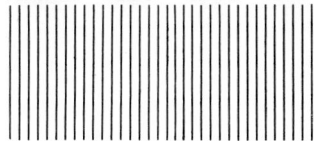

KURT SCHWITTERS
MERZ WERBE - VERKEHRSREKLAME
HANNOVER, WALDHAUSENSTRASSE 5

AN

IN

Geschäftsbriefumschlag. Das Wort Merz plakatartig, die Linien darunter geben eine enge Verbindung mit der Adresse. Dieses Ganze liegt inhaltlich fest, ein Bild, ist daher in einen Block komponiert. Durch den Gegensatz der dünnen senkrechten Linien erscheint das Wort Merz besonders kräftig und hoch herausgestellt. Im Gegensatz zu der vertikalen Struktur des Bildes die horizontale Linie der Anschrift, die ja in jedem Falle immer variabler Text ist und dementsprechend horizontale Struktur besitzt.

VOLLAUTOMATISCHE
ASPHALTPLATTEN
-PRESSEN D.R.P. ANGEM.

Seit Jahrzehnten betreiben wir den Bau **kompletter Preßan-
lagen** zur Herstellung von **Asphalt- und Zementplatten.** Unsere
Anlagen sind infolge ihrer **soliden Konstruktion, Leistungsfähig-
keit** und **Betriebssicherheit** allgemein bekannt und beliebt. — Um
die Herstellung von Asphaltplatten so vorteilhaft wie möglich zu gestalten, bringen wir auch eine **vollautomatische Presse** auf den Markt.

Unsere vollautomatische Presse stellt im Dauerbetriebe bis zu
500 Platten 250×250 mm, 40—50 mm stark, bei einem **Druck bis
zu 500 Atmosphären** her, besitzt also die **2¹/₂-fache Leistungs-
fähigkeit** unserer bisher gebauten Preßanlage.
Unsere bewährte Drehtischausführung haben wir beibehalten.
Die **Zuführung des Materials** erfolgt aus einem über dem Preßtisch
angeordneten **Silo,** der durch ein Förderband gespeist werden kann.
Der Tisch enthält **4 Preßformen** und ist vom Preß- oder Ausstoß-
druck vollkommen entlastet. Die hydraulische Arbeit wird von einer
außerordentlich kräftigen, für diesen Spezialzweck besonders gebauten,
vierstufigen Preßpumpe geleistet. **Alle Bewegungen** des Tisches
und des Preßkolbens, Bedienung des Steuerstockes, Ausstoßen und Ab-
streichen der fertigen Platten, Säubern und Benetzen der Formen geschehen **rein automatisch.** Die fertigen Platten können in einfachster Weise
durch ein Förderband zum Stapelplatz transportiert werden, so daß **jede
Handarbeit** vermieden wird. — Die Verwendung **hochwertigsten
Materials** für alle beanspruchten Teile der Anlage, wie Pumpen-
körper und Ventile, Steuerventile, Preßzylinder, Formen usw., sowie die
erstklassige, solide Werkstattausführung sichert **Betriebssicherheit
und längste Lebensdauer. Rheinhütte Wiesbaden-Biebrich.**

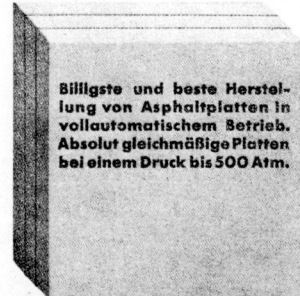

Billigste und beste Herstellung von Asphaltplatten in
vollautomatischem Betrieb.
Absolut gleichmäßige Platten
bei einem Druck bis 500 Atm.

ASPHALTPLATTEN 25×25×5 cm
Die Presse wird auch für andere Formen
eingerichtet.

RHEINHÜTTE
WIESBADEN-BIEBRICH

Umschlag eines Prospektes. Optisch organisiert: Bild, Fläche, Farbe,
Linien, Schriftsatz, Titel, Firma, Artikelbezeichnung. Der Artikel wird
in einem hellen Feld gezeigt, das wie ein Ausschnitt wirkt, sozusagen
wie ein Schaufenster. Durch den Pfeil, der ebenfalls fensterartig
herausgeschnitten ist, wird der Leser veranlaßt umzublättern. Der
Pfeil läuft bis auf die hintere Seite herüber und veranlaßt, wenn man
den Prospekt zu Ende gelesen hat, ihn wieder nach vorn herum zu
drehen. Durch die eckige Form der Typen wirkt die Schrift sehr
architektonisch: Sie ist sozusagen ein Element der rechteckigen
Fläche und verschmilzt mit dieser zu einer Einheit. (Farben Violett
und Gelb, Schwarzer Aufdruck).

90
Kurt Schwitters

6

WEISE SÖHNE
HALLE/S

TELEGRAMME WEISESÖHNE HALLESAALE
TELEPHON 27761

-6 PUNKTE -

• • • • • • •

bilden die **VORZÜGE** der **STOPFBÜCHSLOSEN**

RHEINHÜTTE
SÄUREPUMPEN

D R P
und viele
AUSLANDS
PATENTE

1 Keine Stopfbüchse und keine Packung, kein Wellenverschleiß D.R.P.

2 Keine Schmierung innenliegender Teile.   D.R.P.a.

3 Kein Säureverlust im Betrieb und im Stillstand.   D.R.P

4 Kein Angreifen des Materials durch die Flüssigkeit.

5 Kein Abbau der Rohrleitungen zum Öffnen der Pumpe.

6 Größte Betriebssicherheit durch Rollenlagerung.

Prospektblatt für eine Maschinenfabrik. Die Säurepumpe im Schnitt dargestellt. Die geschnittenen Stellen erscheinen in den Farben der Din-Normen, sodaß man an der Farbe jeweils das Material erkennt. Hier sind **nicht** die Originalfarben wiedergegeben worden. Die eckige Schrift in dem schwarzen Felde gliedert sich so ruhig in die schwarze Fläche ein, daß sie nicht als Fremdkörper wirkt, sondern nur als ein architektonisches Detail der Fläche. So ähnlich wie die grauen hori-zontalen Streifen unten. Aus dem Schnitt der Maschine ist das ganze Blatt entwickelt: Die große 6 aus dem Hals, die Punkte oben und ihre negative Wiederkehr unten. In folgerichtiger Beziehung sind gedacht das Wort Punkte und die rote Schrift unten, in der die sechs Punkte aufgeführt sind. - Dominierend das Bild in der schwarzen Fläche und die große 6. -

91

Kurt Schwitters

Faltprospekt für die Karlsruher Ausstellung Dammerstock. Innen ist Lageplan, Situationsplan, Bilder aus der Ausstellung und der Umgebung, Textangaben. Alles zusammen montiert. Durch den filmartigen senkrechten Bildstreifen ist der Lageplan links von den Angaben rechts getrennt. Die Papierfläche ist wie ein Vorhang auseinandergezogen. Man schaut hindurch in eine Landschaft. Die Angaben rechts erscheinen, als ein besonderes freistehendes Blatt. Der Lageplan links ebenfalls. Es ist interessant, wie durch diese räumliche Durchbrechung der Lageplan - eine bloße schematische Zeichnung - plastisch zu werden scheint. Die Linien des rechten Randes wirken reliefartig. Unterstützt ist dieser Eindruck durch das Uebersichtsbildchen unten links. Die räumliche Loslösung und Isolierung der rechten Prospektseite ist durch ein ganz kleines Hilfsmittel verstärkt: den Herausdruck des schwarzen Punktes. Hierdurch wirkt tatsächlich die Fläche Papier als solche im Gegensatz zu den räumlichen Tiefen des Bilderfilmes.

Briefbogen. Einhaltung der Dinvorschrift. Wieder ist die rechteckige architektonische Schrift verwendet, die mit dem Papierformat eng verschmilzt, so eng, daß man sie wie ein Bild sieht. Durch Linien klare Einteilung der Fläche.

dammerstock-siedlung

1. gruppe 1, zentralheizungs- und wäsch-
erergebäude, ARCH.HAESLER
2. gruppe 2, wirtschaftsgebäude,
ARCH.HAESLER
3. gruppe 3, zwei mehrfamilienhäuser,
ARCH.HAESLER
4. gruppe 4, zwei mehrfamilienhäuser,
ARCH.RIPHAHN und GROD
5. gruppe 5, zwei mehrfamilienhäuser,
ARCH.GROPIUS
6. gruppe 6, laubenganghaus,
ARCH.GROPIUS
7. gruppe 7, sieben einfamilienhäuser,
ARCH.ROECKLE
8. gruppe 8, sechs einfamilienhäuser,
ARCH.ROECKLE
9. gruppe 9, acht einfamilienhäuser,
ARCH.GROPIUS
10. gruppe 10, acht einfamilienhäuser,
ARCH.LOCHSTAMPFER
11. gruppe 11, acht einfamilienhäuser,
ARCH.RÖSSLER
12. gruppe 12, acht einfamilienhäuser,
ARCH.RÖSIGER

13. gruppe 13, neun einfamilienhäuser,
ARCH.MERZ und FISCHER
14. gruppe 14, fünf zweifamilienhäuser,
ARCH.RIPHAHN und GROD
15. gruppe 15, fünf einfamilienhäuser,
ARCH.FISCHER und MERZ
16. gruppe 16, neun einfamilienhäuser,
ARCH.FISCHER
17. gruppe 17, zwei einfamilienhäuser,
ARCH.FISCHER
18. gruppe 18, acht einfamilienhäuser,
ARCH.MERZ und RÖSSLER
19. gruppe 19, acht einfamilienhäuser,
ARCH.HAESLER
20. gruppe 20, sechzehn einfamilienhäuser, ARCH.ROECKLE
21. eingang der ausstellung
22. erfrischungszelt
23.-26. autoparkplatz
27. fahrrad- und motorradstand

der geist, der karlsruhe vor 2 jahrhunderten geschaffen hat und der es vor 1 jahrhun-
dert durch weinbrenner umgestaltet hat, ist
auch der geist, der jetzt den dammerstock
baut. es ist der geist, der die bedürfnisse der
zeile erfüllen will, nur sind die bedürfnisse der
heute anders als vor jahrhunderten.

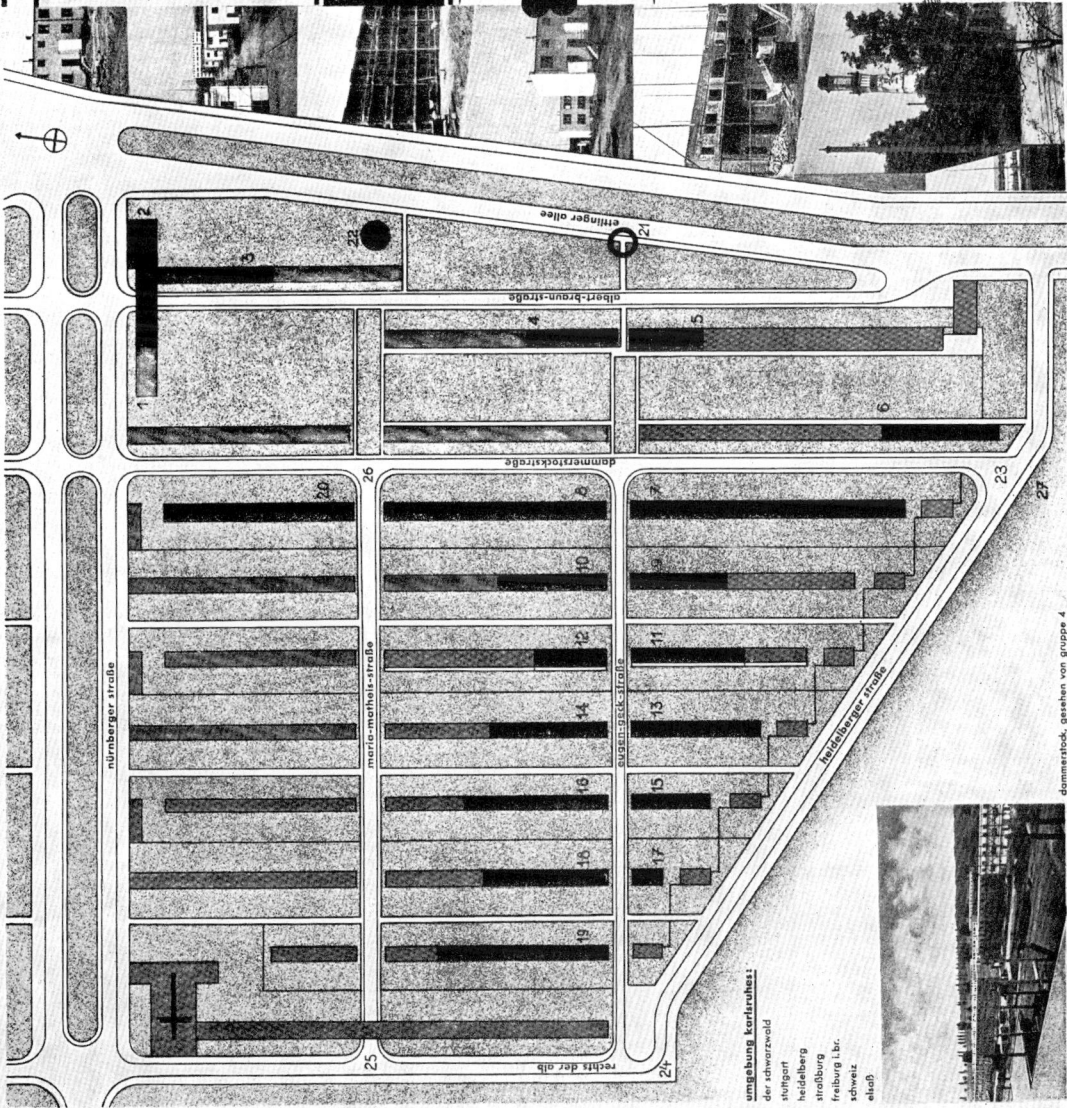

1. schloß
2. landestheater
3. kunsthalle
4. markt
5. technische hochschule
6. verkehrsmuseum
7. stephanskirche
8. stadtgarten mit rosengarten
9. tiergarten
10. bahnhof
11. dammerstocksiedlung
12. richtung boden-baden
13. richtung durlach
14. richtung rheinhafen
15. richtung rappenwört

ettlinger straße

kaiserstraße

karlstraße

ettlinger allee

albert-braun-straße

dammerstockstraße

nürnberger straße

marie-matheis-straße

eugen-geck-straße

heidelberger straße

rechts der alb

umgebung karlsruhes:
der schwarzwald
stuttgart
heidelberg
straßburg
freiburg i.br.
schweiz
elsaß

dammerstock, gesehen von gruppe 4

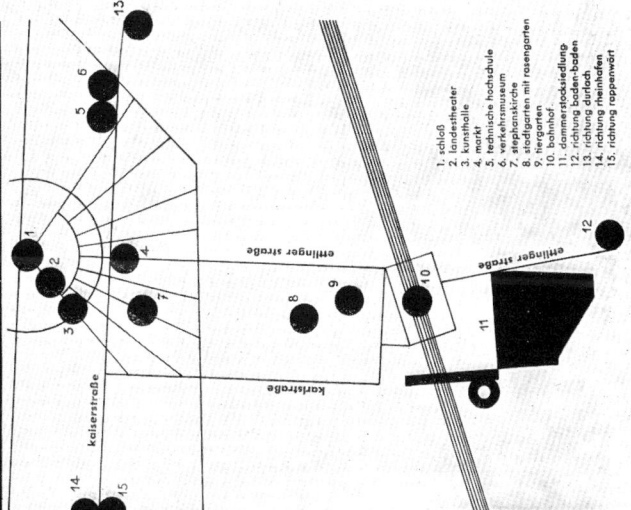

93
Kurt Schwitters

Mart Stam

Architekt, Frankfurt a. M., Idsteinerstraße

Geboren 1899, Architekt seit ich von der Schule wegflüchtete.
Plakate, Typographie und sonstige Drucksachen habe ich gemacht,
wenn keine Spezialisten, keine Reklamefachleute in der Nähe waren
und ich gezwungen war, vorkommende Aufgaben selbst zu lösen.

Ein Plakat soll wirken; so oder so, Wirkt es nicht — taugt es nichts;
so wie so.

Plakat für eine internationale Architekturausstellung. Zwei Ebenen für
das Auge: eine vorne, die nur das Schlagwort enthält, schwarz, eine
dahinter mit den näheren Angaben rot. Die 2 Ebenen sind durch
einfache Verschiebung zustandegekommen. Das Auge sucht ja immer
zuerst den weitesten Blickpunkt links als äußerste Raumgrenze, findet
also zuerst die Worte „Internationale Architekturausstellung". Wichtig
ist die Abstandswirkung auf der Plakatsäule.

Karel Teige

Prag II, Cerna 12 a — Tschechoslowakei.

Geboren: Prag, 1900.
Ausbildung: Universität — „Kunstwissenschaft".
Beruf: Redakteur und „Buchhändler".

1. Befreiung von Traditionen und Vorurteilen: Ueberwindung des Anarchismus und Akademismus, und Ausschaltung jedes Dekorativiums. — Nichtrespektieren der akademischen und traditionellen Regeln, die sich nicht auf optische Gründe stützen, sondern bloße starre Formeln sind (goldener Schnitt, Einheit der Schrift).

2. Auswahl von Typen vollkommener, klar lesbarer und geometrisch einfacher Zeichnung, Verständnis für den Geist der betreffenden Typen,

Titelseiten einer Zeitschrift. Ein Buchumschlag ist wie eine Tür: ein Flügel, der in einem Scharnier hängt, den man öffnen muß, um in das Buch hineinzukommen. Er muß daher so gestaltet sein, daß man die Klinke zum öffnen sofort findet. Im ersten Beispiel läuft der farbige Untergrund des Wortes „Red" über den Rand hinaus, um anzudeuten, daß sich links das Scharnier und rechts die Oeffnung befindet. Auch im 2. Beispiel starke Führung nach rechts.

číslo 1

měsíčník pro moderní kulturu

RED

3

redaktor: Karel Teige

ročník

říjen 1929
PRAHA
Odeon

(6 Kč)

ročník 2.

duben 1929

odeon

8

RED

měsíčník pro moderní kulturu

rediguje karel teige

foto
film
typo

karel teige (1928): frontispice

6 Kč

deren Verwendung nach dem Charakter des Textes, Kontrastierung des typographischen Materials zwecks stärkerer Betonung des Inhaltes.

3. Restlose Erfassung des Zweckes und Erfüllung der Aufgabe. Unterscheidung der Spezialzwecke. Die Reklame, die auf Entfernung sichtbar sein soll, stellt andere Forderungen als ein wirtschaftliches Buch und andere als die Poesie.

4. Harmonische Ausgewogenheit der Fläche und der Satzanordnung nach objektiven optischen Gesetzen; übersichtliche Struktur und geometrische Organisierung.

5. Ausnützung aller Möglichkeiten, welche von den bisherigen und künftigen technischen Entdeckungen geboten werden, Verbindung von Bild und Satz.

6. Zu wünschen ist engste Zusammenarbeit des entwerfenden Graphikers mit Fachmännern in der Setzerei, ebenso wie die Zusammenarbeit des entwerfenden Architekten mit dem Bauingenieur, des Projektanten mit dem Ausführenden notwendig ist; es bedarf sowohl der Spezialisierung und Arbeitsteilung als des innigsten Kontaktes.

K. Teige.

F. X. Šalda:

Krásná literatura česká

v

prvním desetiletí republiky

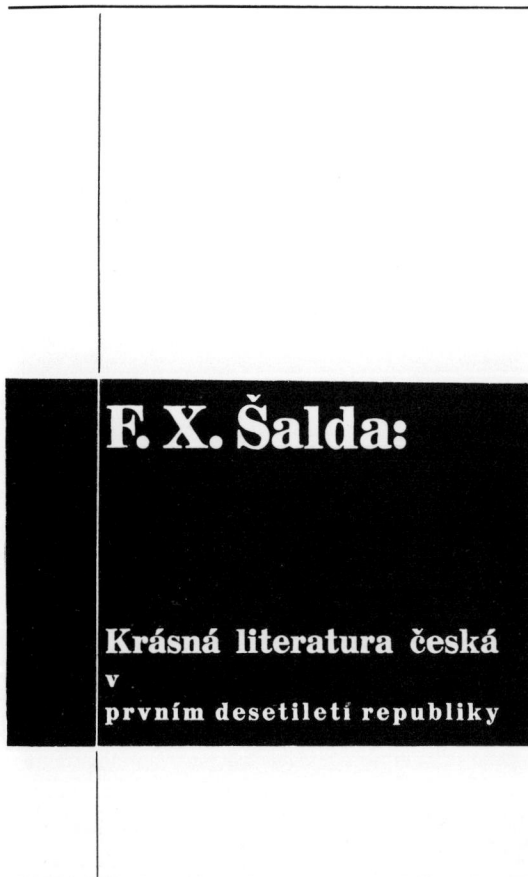

Vorsatztitel. Dieser Vorsatztitel ist genau so aufgefaßt wie die Umschlagtitel auf der Seite vorher. Das schwarze Feld ist rechts herausgedruckt und zwingt zum umblättern. Durch das schwarze Feld ist der verschwenderische Eindruck geschaffen, als sei die weiße Seite ganz leer: es wirkt wie eine Fahne, die davorliegt. Die Worte fensterartig herausgeschnitten. Keine Tür also mehr, die fest verschließt, sondern nur noch ein Gartentürchen, ein provisorischer Verschluß. Leicht zu handhaben, schnell zu durchdringen.

Bilder aus dem Setzkasten. Die beiden vorstehenden Bilder sind echte Bilder, nicht „Gebrauchsgraphik", aber sie enthalten wesentliche Anregungen für diese (ähnlich wie die Fotozeichnungen von Willy Baumeister). Sie sind aus Satzmaterial zusammengebaut, aus Elementen, die im wesentlichen jede Druckerei besitzt, Linien, Balken, Zierleisten. Organisation mit vorhandenem Material. — So wie das Kaleidoskop mit Hilfe seiner Spiegel aus ein paar bunten Pap'erschnitze'n eine Fülle immer neuer Bilder von ganz verschiedenem Charakter bildet: in seinem Fall lediglich durch den Rythmus der Wiederholung, so läßt sich aus den einfachsten vorhandenen Elementen durch verschiedene Komposition eine unendliche Fülle verschiedener Inhalte schaffen. Diese Bilder sind also Typomontagen, kleine „Filme in der Fläche". Das Auge wandert auf ihnen herum, entdeckt immer neue Perspektiven. Es wandert nach vorne und nach hinten, nach oben, nach unten, und was gewinnt es dabei? Ein bestimmtes Gefühl, eine bestimmte Vorstellung, einen bestimmten Rythmus.

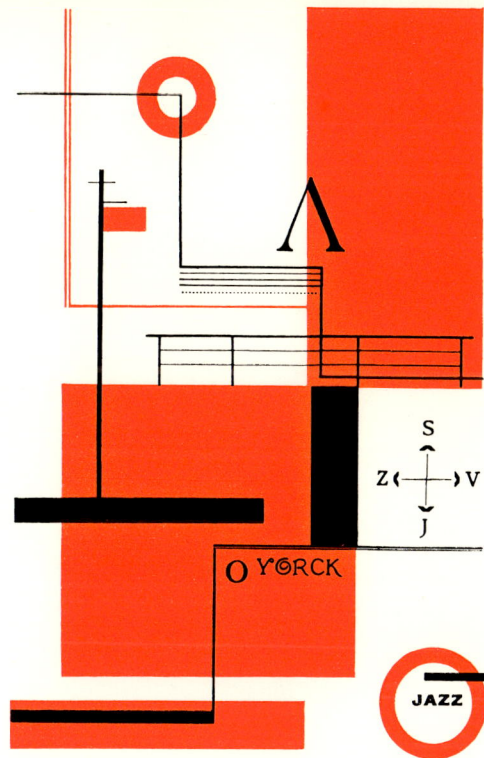

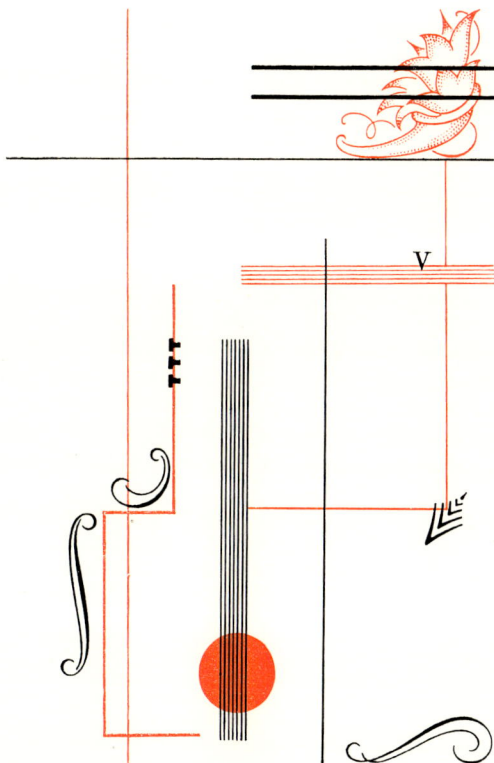

Es ist ja bei allen optischen Erscheinungen so, daß unser Auge weniger das stoffliche reizt, als eine bestimmte Form, eine bestimmte Farbe. Das Muster eines Teppichs, das eigenartige Oval eines Gesichtes, der Schnitt eines Mundes oder das Auge, die Form einer Blüte, das ist es doch alles, was unser Auge reizt, was es genießt. Farben, Formen und Flächen geben den Eindruck und die Stimmung eines bestimmten Milieus. Die Blüten einer Rose vermitteln dem Auge ein anderes Gefühl als der Anblick eines Asphaltdaches oder eines Maschinengetriebes. Was hat die Malerei anderes zu tun als die sinnlichen Auslösungen zu bewirken, die der Mensch mit Hilfe des Auges empfängt?

Mit praktischen Dingen haben die Sinnesreize des Auges gar nichts zu schaffen. Es ist beim Betrachten einer Blume oder eines schönen Mädchens ganz gleichgültig, ob man die Blume irgend wie auch benutzen kann oder ob das Mädchen einen Weltrekord auf einem Sportgebiet inne hat oder verschiedene Sprachen spricht oder sonst etwas Besonderes leistet. Das steht auf einem ganz anderen Blatt. Für das Auge und den sinnlichen Genuß des Auges existiert nur die Tatsache gewisser Formen und Farben, und im Unterbewusstsein damit verbundene Vorstellungen.

Man wird ein Herrnzimmer anders tapezieren als ein Schlafzimmer. Man schläft in einem weiß bezogenen Bett und deckt den Mittagstisch mit einem weißen Damasttuch. Der einfache Mensch sagt, das wirkt sauber oder das wirkt behaglich, das wirkt kalt oder das wirkt warm. Er verbindet also mit gewissen Farben und Formen die entscheidenden Vorstellungen, in denen er sich aufzuhalten wünscht. So diese beiden Bilder. Das obere Bild gibt vielleicht den Eindruck von etwas Kolonialem, von einer Jazzkapelle, Hotelleben, Ozeandampfer, zum mindesten einer gewissen Atmosphäre des Reisens und des Turismus. Im Gegensatz dazu das Bild links unten. Man denkt an die lyrisch zarten Töne einer Violine, man denkt an Blüten, an Parfüm.

VÝSTAVNÍ SÍNĚ ÚSTŘ. KNIHOVNY HLAV. MĚSTA PRAHY
(Marianské náměstí)

Belgie • ČSR • Francie • Ho-
landsko • Italie • Německo
Rakousko • S S S R • Švý-
cary • USA

VÝSTAVA
MEZINÁRODNÍ NOVÉ
ARCHITEKTURY

Putovní výstava říšskoněmeckého Werkbundu a soubor československé architektury

Pořáda:
KLUB ARCHITEKTŮ
(„STAVBA")

Pod protektorátem p. ministra veřejných prací Dra Spiny a ministra národní osvěty Dra Štefanka

Otevřena od 16.–31./V., denně od 9–18 h. – **Vstup 4 Kč, studenti a dělníci 2 Kč**

Plakat zu einer Architekturausstellung. Die matten Worte sind in Wirklichkeit rot, treten aus diesem Grund stärker in Erscheinung als in dieser Reproduktion. Klare Gliederung für das Auge. Durch den Zweifarbendruck keine Textüberhäufung. Das Auge liest die schwarzen und die rot gedruckten Partien sozusagen jedes für sich, jedes in einer anderen Ebene. Zuerst fällt ins Auge die rote hier schraffierte Schrift. Das Auge gleitet von hier aus in die vordere Ebene, die durch den Ueberdruck des Wortes „Mezinarodni" über das „A" gekennzeichnet ist. Der Ablauf ist von links oben nach rechts unten. Ueber die hintere rote Ebene gelangt das Auge immer wieder in die vordere und gewinnt hier die näheren Angaben.

98
Karel Teige

g. trump

1896 geboren in württemberg. kunstgewerbeschule stuttgart. ausland. 26—29 als professor und leiter der graphischen klasse an
der handwerker- und kunstgewerbeschule bielefeld. seit herbst 29
an der meisterschule für deutschlands buchdrucker.

[Unterschrift: G. Trump.]

inserat. vordere blickgrenze rechts, äußerste blickbegrenzung links
entsprechend dem lauf der schrift von links nach rechts. aus diesem
grunde steht das bild (das große „B") sozusagen isoliert links. alle
angaben zweiter ordnung möglichst weit rechts, sodaß sie erst an
zweiter oder dritter stelle gelesen werden. von einander getrennt:
das schlagwort und die näheren angaben. der trennungsstrich läuft
auch durch das bild hindurch. die stärkere betonung des bildes liegt
in seiner unteren partie zu folgendem weissen loch in dem buchstaben,
das auge wandert also schnell in die untere hälfte des inseratfeldes
und findet hier die näheren angaben.

3 GARNITUREN

BERTHOLD-GROTESK

IHRE VORZÜGE: ungekünstelte Formen

ausgeglichene Wortbilder

eindrucksvolle Satzwirkung

SCHRIFTGIESSEREI H·BERTHOLD AG · BERLIN

HUG

Musikalien- und Instrumentenhandlung Hug & Co. Zürich

Pianos, Harmoniums, Flügel · Saiten- und Blasinstrumente · Großes Lager

alter Meistergeigen · Musikapparate und Schallplatten · Kunstspielklaviere

Eigene Fabrikations- und Reparatur-Werkstätten · Musikalien jeder Art

Spezialkatalog
Saiten- und Blasinstrumente

prospektumschlag. getrennt: firmenbezeichnung, standardangaben
etc. und die bezeichnung des jeweils verschiedenen inhaltes. im beispiel folkwangschule essen von burchartz (siehe daselbst) ist die
angabe des jeweils verschiedenen inhaltes als überdruck über den
standardumschlag ausgebildet. hier ist für sie ein besonderer raum
unten durch linien abgegrenzt, der groß genug ist, um den variablen
text einzudrucken. diese variable angabe ist rot gedruckt und dadurch in verbindung gesetzt zum „blickfang", zu dem bilde der
geige. dieser blickfang ist also so ausgebildet, daß er sowohl durch
schwarze linien verbindung zum standardtext wie durch die rote
fläche verbindung zum variablen text bietet entsprechend der
versetzung der beiden texte sind auch die farben im bilde versetzt.

ISABEY'S FLORAL ODEURS
THE NEW PARFUM VOGUE

The very latest trend in parfums among chic Parisiennes and smart Americaines is towards Isabey's Floral odeurs Gardenia, Lys, Violette and Jasmin. And this new parfum vogue is due not only to the inimitable loveliness of these Isabey odeurs but also to the fact that in Floral odeurs Isabey offers such an exquisitely varied selection

A EXCLUSIVE SHOPS EVERYWHERE
ISABEY PARIS INC.
411 FIFTH AVENUE, NEW YORK

ISABEY

inserat für ein parfüm. entscheidend das bild des straußes. alle angaben sind schräg auf das blatt gedruckt und werden deshalb erst an zweiter stelle vom auge gesehen. immerhin sind sie leicht lesbar, da sie von links unten nach rechts oben, also in der natürlichen sehneigung der augen verlaufen. durch den schatten und den farbigen unterdruck wird das bild des blumenstraußes besonders plastisch hervorgehoben. umso flächiger erscheint der angedeutete flakon.

werbedrucksache oder prospekt. auch hier entscheidend das bild. durch den roten unterdruck tritt es plastisch hervor. es schwebt in greifbarer nähe. das wort „varinas" ist in die für das auge leicht faßliche richtung von links unten nach rechts oben gesetzt. äußerste blickgrenze die pfeife, die das auge durch ihre lage immerwieder nach vorne lenkt, auf das tabakpaket.

jan tschichold

münchen 39, voitstraße 8/1

werbegestalter, lehrer an der meisterschule für deutschlands buchdrucker in münchen

geboren 1902. bücher: „die neue typographie". 1928. „foto-auge"
(gemeinsam mit franz roh). 1929 „eine stunde druckgestaltung". 1930.

ich versuche, in meinen werbearbeiten ein maximum an zweckmäßigkeit
zu erreichen und die einzelnen aufbauelemente harmonisch zu binden —
zu gestalten.

Jan Tschichold

plakat. schwarz und rot auf gelb. ein plakat wird wie ein bild gesehen, wird mindestens nicht auf den ersten blick „gelesen". aus
diesem grunde ist nötig, das auge zwingend zu lenken. der vordere
bildrand ist durch den starken senkrechten balken rechts festgelegt.
blickziel und damit ausgangspunkt für den text die steile „50". der
zuerst vom auge erfaßte raum erstreckt sich von hier und dem „M"
des namens bis zum schwarzen balken. in noch weiterem blickfeld
die näheren angaben: ort und zeit also klare räumliche trennung
zwischen blickfänger, (in diesem fall schlagworte) und näheren angaben.
um die näheren angaben zu gewinnen, muß das auge noch einmal
weiter ausholen.

50. Ausstellung im Graphischen Kabinett München, Briennerstr. 10

MAX BECKMANN GEMÄLDE 1920-28 mit Leihgaben aus Museums- und Privatbesitz

Geöffnet Werktag von 9-6 Sonntag von 10-1

ENTWURF TSCHICHOLD   Druck: Münchener Plakatdruckerei Volk & Schreiber, Christophstr. 12

LINDAUERS BELLISANA

fein
durchlässig
anschmiegend

entwurf tschichold

plakat. absolute bildwirkung. das auge sieht in diesem falle von links nach rechts in das bild herein. das wort „bellisana" führt rasch auf das abgebildete objekt hin. durch die drehung des körpers ist das bild rechts absolut abgeschlossen. nach links hin geöffnet. das auge hat rechts trotz der unten weiter laufenden linie eine absolute feste grenze. nur in dem schwarzen fußboden kehrt sich das prinzip um. hier läuft das auge von rechts nach links. gewinnt links das äußerste blickziel und den ausgangspunkt der worte, also eine art kreislauf-organisation für das auge von oben links nach rechts über die figur herunter wieder nach links. der körper der figur ist mit silber unter-legt, hat dadurch das fleischliche verloren. so wird der beschauer eindeutig auf den gegenstand der reklame hingewiesen und nicht ab-gelenkt. das wort „bellisana" ist blau.

vordemberge-gildewart

da die typografische gestaltung eine optische angelegenheit ist, ist die zu gestaltende arbeit zunächst daraufhin zu untersuchen, ob sie einer anderen optischen konkurrenz unterliegt oder nicht. dies ergibt also die 2 gruppen:

1. die typografische gestaltung für freie, in sich abgeschlossene arbeiten, wie bücher, kataloge, prospekte.

2. die typografischen arbeiten in einer, nicht von derselben hand gestalteten umgebung (plakate).

d. h. also, besonders für die gruppe 2, optische wirkung auf jeden fall trotz der nicht vorhergesehenen „optischen konkurrenz" (plakatsäulen),

die i n t i m e, wunderbar gestaltete typografie der gruppe 1 enttäuscht deshalb immer, wenn die bei ihr geforderten gesetze etwa auch noch den anforderungen der gruppe 2 genügen sollen.

aus dieser schule der ordnung und der disziplin entsteht die Lösung der typografischen aufgabe. und in d i e s e m punkt liegt die verwandtschaft mit der abstrakten malerei. hingegen ist das sogenannte „abstrakte plakat" ein gefährlicher Unsinn.

das primäre in der typografie ist nämlich nicht das „ästhetisch-optische" sondern das „funktionell-optische". also keine aufteilung zugunsten eines unbedingt „modern" oder „radikal" gewollten prinzips!!!

hierin liegt eine verwandtschaft mit der heutigen architektur.

DER LADEN
FÜR KUNSTHANDWERK
IM HAUSE D. KESTNER-GESELLSCHAFT

KÖNIGSTR. 8p

RUF 2 7998 POSTSCHECKKONTO: HANNOVER 229 74

WECHSELNDE AUSSTELLUNGEN UND VERKAUF VON ERLESENEN ERZEUGNISSEN DES KUNSTHANDWERKS

VERTRETUNG DER HANDWEBEREI HOHENHAGEN

KLEIDERWERKSTATT

einladungskarte für eine ausstellung. die karte ist nur innen bedruckt und einmal zusammengefaltet. linke und rechte hälfte deutlich voneinander getrennt. blicklenkung durch balken. linke hälfte geschäftsangaben: vorderste grenze für das auge rechts durch den vertikalen balken angedeutet. in beziehung gesetzt das wort „der laden" und die straßenangabe als wichtigster inhalt der mitteilung. — rechte hälfte: vorderste blickgrenze unten. das sehen ist hier ein vertikales, während es links ein horizontales ist entsprechend der verschiedenartigkeit der texte.

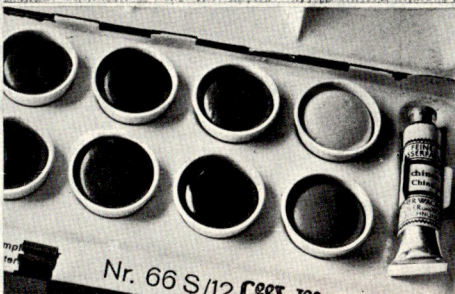

NR. 66 S/12

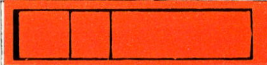

1.

NR. 66 4/12

2.

NR. 66 KH/12

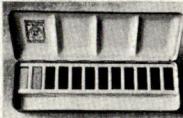

3.

GÜNTHER WAGNER HANNOVER UND WIEN

PREIS M 2.50

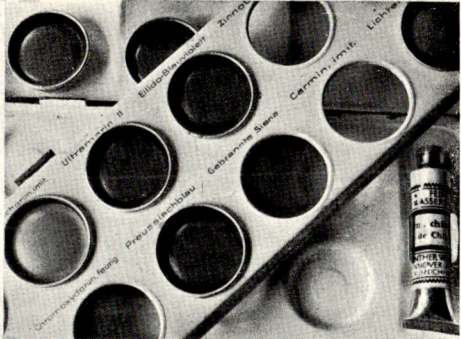

GÜNTHER WAGNER HANNOVER UND WIEN

seite aus einem katalog. räumliche spannung durch nah- und fernbild des gleichen objektes. malkasten sind bewegt worden. man hat sie sozusagen in die hand genommen, vor das auge geführt, eingehende beziehung zwischen beschauer und objekt ist zwangsläufig geschaffen worden. die texte sind hier teilweise nur unterschriften, teilweise zusammenhängende erläuterungstexte. der text tritt aber durchaus hinter die bilder zurück. durch die umrandung sind räumliche vor- stellungen geschaffen, besonders in dem beispiel rechts. hier liegt die großaufnahme des farben-kastens ganz vorne im raum, die beiden kleinen bilder weit hinten. die roten felder für die preisangaben fallen ganz heraus aus dem bilde und werden vom auge für sich gesehen. also auch hier das prinzip, die bilder für sich, die wichtigen textlichen Angaben für sich.

DECKEN

Tischdecke Nr. U 10141
handgestickt mit kord. Seidenfranse, 12 cm breit, in schwar-
zes Tuch in Wolle, Seide und Metallfäden, mode, bronce
und braun gestickt, fertige Größe, 155×190 RM 67.—
angefangen mit Material . . . . RM 29.50
ca. 6½ m Franse . . . . à m RM 1.60
gezeichnet auf schwarzem oder braunen Ia Tuch,
130×165 cm . . . . RM 20.75
gezeichnet auf schwarzem oder braunen Ia Tuch,
130 cm Durchmesser oder 130 cm . . . . . RM 17.—
gezeichnet auf schwarze oder braunen Ia Tuch,
80 cm Durchmesser oder 80 cm . . . . . RM 6.75
Tuche in vielen Farben siehe Seite 59

Tischdecke Nr. U 10142
Handarbeit mit gedrehter Seidenfranse, 8 cm breit, auf
allerfeinstem Tuch in leichter Spanischarbeit in Wolle,
Seide und Metallfäden in vornehmer Farbstellung, fertige
Größe 145×175 cm . . . . RM 62.50
angefangen mit Material . . . . RM 28.75
ca. 6½ m Franse . . . . à m RM 1.10
gezeichnet auf allerfeinstem Tuch, 130×160 cm RM 20.75
gezeichnet auf allerfeinstem Tuch 130 cm Durchmesser oder 130 cm . . . . RM 17.—
gezeichnet auf bestem Halbtuch, 135 × 160 cm RM 11.75
gezeichnet auf bestem Halbtuch, 80 cm Durchmesser oder 80 cm . . . . RM 4.25

Tischdecke Nr. U 10143
auf gutem schwarzen Tuch mit kord. Seidenfranse, 15 cm
breit, in Spann- und Plattstich mit Wolle, Seide und Metallfäden in bronce, rosenholz, mode, lind und braun handgestickt, fertige Größe 160×190 cm . . . . RM 74.50
angefangen mit Material . . . . RM 32.75
ca. 6½ m Franse . . . . à m RM 2.20
gezeichnet, 130×160 cm . . . . RM 20.75
gezeichnet auf allerbestem schwarzen Tuch,
130×165 cm . . . . RM 26.50
gezeichnet auf allerbestem schwarzen Tuch,
150×190 cm . . . . RM 30.50
gezeichnet auf allerbesten schwarzen Tuch,
130 cm Durchmesser oder 130 cm . . . . . RM 17.—
gezeichnet auf allerbesten schwarzen Tuch,
80 cm Durchmesser oder 130 cm . . . . . RM 6.75

Ähnlich dem Kissen gehört heute die Decke zum Schmuck und Ergänzungs-
stück jeder Wohnung. Hauptsächlich Tuch-, Rips-, Leinen- oder Seiden-
decken werden bevorzugt, vor allem die Sticharten der modernen geome-
trischen Muster, die mühelos zu arbeiten sind und wenig Material erfordern
und aus diesem Grunde den Vorzug der Preiswürdigkeit haben. In meinem
Hause werden Decken in jeder erdenklichen Form, auf jedem erdenklichen
Stoff mit jedem Muster nach Ihren eigenen Ideen oder nach den in meinem
Hause vorrätigen Mustern hergestellt. Selbstverständlich können Sie
passende Abschlüsse, wie Fransen, Quasten und Spitzen in jeder Form
und Art von meinem Lager beziehen. Die hier abgebildeten Decken stellen,
wie alle Abbildungen meines Kataloges, naturgemäß nur den kleinsten Teil
meines Lagers dar. Ich kann Ihnen jederzeit mit weiteren auswahlreichen
Sonderangeboten zur Hand sein. - Zu den abgebildeten Decken können
Sie passende Behänge, Kissen, Würfel, Schlummerrollen, Teewärmer,
Kaffeewärmer, Nähtisch-, Kommoden-, Büfett-, Credenz-, Serviertisch-
decken, Klavierdecken, Läufer, Flügeldecken usw. auf Wunsch bekommen.

Tischdecke Nr. U 10144
handgestickt mit gedrehter Seidenfranse, 8 cm breit, auf
besten schwarzen Halbtuch in Spann- und Plattstich mit
Wolle, Seide und Metallfäden, goldbraun und mosaikfarben
verarbeitet, fertige Größe 145×170 cm . . . RM 52.—
angefangen mit Material . . . . RM 19.75
ca. 6 m Franse . . . . à m RM 1.10
gezeichnet 130×155 cm . . . . RM 11.75
gezeichnet 130 cm Durchmesser oder 130 cm RM 9.75
gezeichnet 80 cm Durchmesser oder 130 cm RM 4.25

28 BUCHHEISTER   29

katalogseite. das prinzip, bilder für sich und textliche angaben für
sich, ist hier noch stärker ersichtlich. die tischdecken liegen auf den
beiden seiten in räumlicher beziehung zueinander. der raum ist nur
durch die stellung der decken und durch schwarze balken für das
auge eindeutig geschaffen. das auge sieht bild und text für sich in
einem kreise. text und bild laufen parallel neben einander her und
werden daher vom auge schnell in verbindung gebracht. der text befindet sich folgerichtig unter und nicht etwa neben den abgebildeten
decken, entsprechend der draufsicht auf die decken. die blicklenkung
ist ein kreis. vom wort „decken" wird das auge über die vier bilder
zwangsläufig zurückgeführt und fängt den firmennamen buchheister
auf. bei den folgenden seiten ist (ähnlich wie bei canis und schuitema)
das prinzip ganz klar durchgeführt.

106

vordemberge

Maschinen-Klöppel-Spitze   Nr. U 10671, weiß Leinen, 7½ cm breit, à m . . . . .   RM 1.50

Maschinen-Klöppel-Einsatz Nr. U 10672, weiß Leinen, 7 cm breit, à m . . . . .   RM 1.50

Maschinen-Klöppel-Spitze   Nr. U 10673, weiß Leinen, 8½ cm breit, à m . . . . .   RM 1.—
                                        ecru, 8½ cm breit, à m . . . . .   RM 1.10

Maschinen-Klöppel-Einsatz Nr. U 10674, weiß Leinen, 6½ cm breit, à m . . . . .   RM 0.90
                                        ecru, 6½ cm breit, à m . . . . .   RM 1.—

Maschinen-Klöppel-Spitze   Nr. U 10675, weiß, 6 cm breit, à m . . . . .   RM 0.80

Maschinen-Klöppel-Einsatz Nr. U 10676, weiß, 6 cm breit, à m . . . . .   RM 0.80

Maschinen-Klöppel-Spitze   Nr. U 10691, weiß, 1½ cm breit, à m . . . . .   RM 0.20
                                        weiß, 2½ cm breit, à m . . . . .   RM 0.25

Maschinen-Klöppel-Einsatz Nr. U 10697, weiß, 1½ cm breit, à m . . . . .   RM 0.20

Maschinen-Klöppel-Spitze   Nr. U 10693, weiß, 2 cm breit, à m . . . . .   RM 0.25

Maschinen-Klöppel-Spitze   Nr. U 10692, ecru, 1½ cm breit, à m . . . . .   RM 0.15
                                        weiß, 1 cm breit, à m . . . . .   RM 0.12

Maschinen-Klöppel-Spitze   Nr. U 10689, weiß Leinen, 4½ cm breit, à m . . . . .   RM 0.70

Maschinen-Klöppel-Einsatz Nr. U 10690, weiß Leinen, 4½ cm breit, à m . . . . .   RM 0.70

Maschinen-Klöppel-Spitze   Nr. U 10679, weiß, 10 cm breit, à m . . . . .   RM 0.80

Maschinen-Klöppel-Einsatz Nr. U 10680, weiß, 8 cm breit, à m . . . . .   RM 0.70

Maschinen-Klöppel-Einsatz Nr. U 10694, weiß, 4 cm breit, à m . . . . .   RM 0.45
Maschinen-Klöppel-Spitze   passend,   weiß, 4½ cm breit, à m . . . . .   RM 0.50

Maschinen-Klöppel-Spitze   Nr. U 10681, weiß, 6 cm breit, à m . . . . .   RM 0.45

Maschinen-Klöppel-Einsatz Nr. U 10682, weiß, 5 cm breit, à m . . . . .   RM 0.40

Maschinen-Klöppel-Spitze   Nr. U 10677, weiß Leinen, 8 cm breit, à m . . . . .   RM 1.30

Maschinen-Klöppel-Einsatz Nr. U 10678, weiß Leinen, 5 cm breit, à m . . . . .   RM 1.20

Hand-Klöppel-Spitze   Nr. U 10706, weiß, 6 cm breit, à m . . . . .   RM 2.30

Hand-Klöppel-Einsatz   Nr. U 10707, weiß, 5 cm breit, à m . . . . .   RM 2.20

Handklöppel-Bogenspitze Nr. U 10709, weiß Leinen, 8 cm breit, à m . . . . .   RM 2.80
ähnliche Bogenspitze,   weiß Leinen, 10 cm breit, à m . . . . .   RM 2.40
                          siehe Seite 41, Decke Nr. U 10201

Handklöppel-Spitze Nr. U 10711, weiß Leinen, 2½ cm breit, à m . . . . .   RM 1.—
                                 weiß Leinen, 3½ cm breit, à m . . . . .   RM 1.35

Handklöppel-Spitze Nr. U 10721, weiß Leinen, 3½ cm breit, à m . . . . .   RM 1.30

Handklöppel-Spitze Nr. U 10723, weiß Leinen, 5 cm breit, à m . . . . .   RM 1.80
Spitze, ähnlich   weiß-Leinen, 4½ cm breit, à m . . . . .   RM 1.80

Handklöppel-Spitze Nr. U 10724, weiß Leinen, 7 cm breit, à m . . . . .   RM 3.10
Handklöppel-Einsatz, dazu passend

Handklöppel-Spitze Nr. U 10712, weiß Leinen, 7 cm breit, à m . . . . .   RM 1.50
Handklöppel-Einsatz, dazu passend weiß Leinen, 7 cm breit, à m . . . . .   RM 1.50

Handklöppel-Spitze Nr. U 10714, weiß Leinen, 6 cm breit, à m . . . . .   RM 2.70
Handklöppel-Einsatz, dazu passend weiß Leinen, 6 cm breit, à m . . . . .   RM 2.50

Klöppelordner Nr. U 10418

aus Messingblech, 23 cm lang, verhütet das
Verwickeln der Klöppel, daher unentbehr-
lich für die Klöppel . . . .   RM 0.25
Klöppelpapier zur Anfertigung von
Klöppelbriefen, à Bogen . . . . . .   RM 1.—
Klöppelbriefe werden nach jedem ge-
wünschten Muster angefertigt.

Formen-Klöppelkissen Nr. U 10397

auf Holzständer schräg liegend und dreh-
bar, mit ff. Baumwollbezug 45 cm Durchmesser . . . .   RM 7.50
Auf Wunsch in anderen Größen lieferbar.

Leinenzwirne zum Klöppeln siehe Seite 72 und 73
Lehrbücher der Handklöppelei „Klöppelspitzen" von Gussy
v. Reden, mit leicht faßlicher Anleitung, Klöppelbriefen, Abbildung von Arbeitsgeräten und dergl. . . . . .   RM 1.50
„Das Spitzenklöppeln", von Brigitte Hockfelden, „Klöppelspitzen", von Th. de Dillmont.
Klöppelnadeln, mit Stahl, mit schwarzen oder bunten Glas-
knöpfen, Brief 200 Stück . . . . . .   RM 0.70
Große Nadeln, mit buntem Glasknopf zum Zurückstecken
mehrerer Klöppelpaare Stück . . . . .   RM 0.15

alle gegenstände für sich vertikal untereinander, alle textangaben für
sich, vertikal für sich untereinander, für das auge die schnellste und
bequemste orientierungsmöglichkeit. ein starker schwarzer balken
bedeutet, daß jetzt etwas neues kommt.

diese beiden seiten sind also nicht wie die vorigen seiten als ge-
samtbild aufzufassen, sondern seite 35 ist die vertikale fortsetzung
von seite 34.

piet zwart

architekt, rijksstraatweg 290 wassenaar

geboren 1885

ausbildung: rijksschool voor kunstijverheid. amsterdam (reichs-kunstgewerbeschule)

später: 2 jahre technische hochschule delft, 5 jahre assistent von dr. h. p. berlage.

wie ich arbeite? immer mit dem gedanken, daß es alles quatsch ist, was wir machen und daß das mit einer neuen gestaltung überhaupt noch nichts zu tun hat. die neue gestaltung (die elementare) wird nicht gemacht und nicht aufgedeckt von individuen, wenigstens nicht die zukünftige form. hoffentlich habe ich noch einmal die möglichkeit, mich eine woche unter eine linotype zu setzen und ihren rytmus zu belauschen zur austilgung meiner barokken gesinnung. denn das ist die moderne pest: daß wir die abänderungen und umformungen von alten kategorien als neuzeitliche lebensäußerungen aufdrängen. es riecht aber alles nach gärendem formwillen, billigem und pretentiösem surrogat für schlichte, aufrichtige lebensgesinnung.

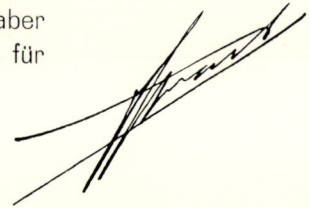

verzend per luchtpost

amsterdam-batavia

12 dagen

1	amsterdam-boedapest	1200
2	boedapest-konstantinopel	1140
3	konstantinopel-aleppo	910
4	aleppo-bagdad	730
5	bagdad-bushire	780
6	bushire-karachi	1830
7	karachi-allahabad	1470
8	allahabad-akyab	1280
9	akyab-bangkok	1230
10	bangkok-medan	1280
11	medan-palembang	1000
12	palembang-bandoeng	620

in 12 dagen 13470 km = 1/3 aarde-omtrek

in 12 dagen is uw post van amsterdam naar batavia

eine seite aus einem werbeprospekt für das reichspostamt. (post-flugverkehr amsterdam-batavia).

inserat: die drei schlagworte schräg gestellt. bei schmalen, vertikalen inseraten, auf denen wenig platz ist, empfiehlt sich diese diagonalstellung der schrift immer. vorausbedingung allerdings möglichste beschränkung des textes und kürze der worte.

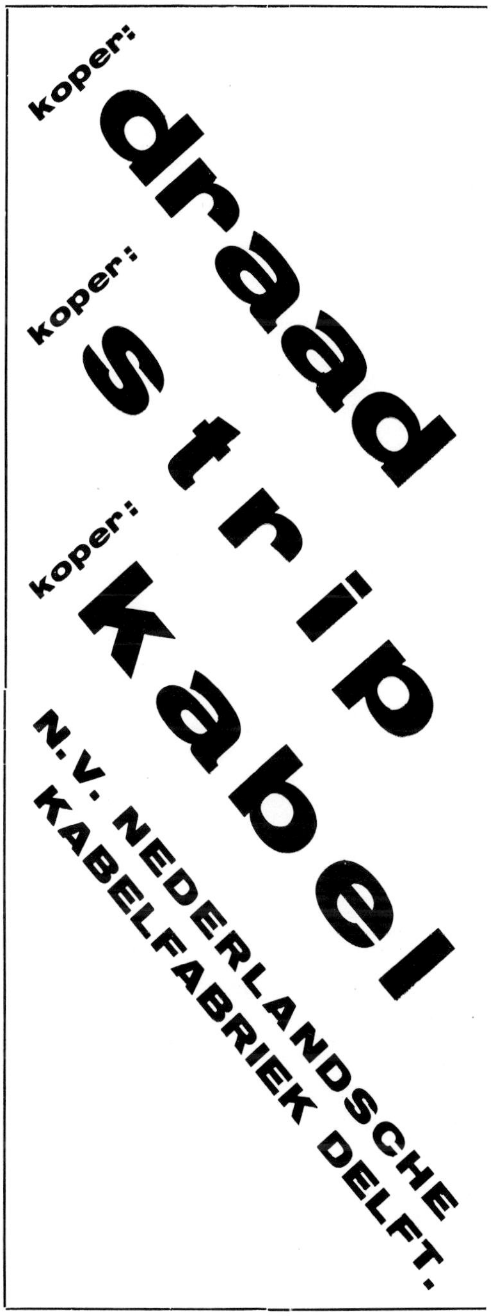

NEDERLANDSCHE KABELFABRIEK - DELFT.

25 50

10. — 25. — 50. KV

HOOGSPANNINGSKABELS MET PAPIERISOLATIE — N.K.F. DELFT.

koper:
koper:
koper:

draad
strip
kabel

N.V. NEDERLANDSCHE
KABELFABRIEK DELFT.

inserat in einer technischen zeitschrift für eine kabelfabrik. der „blickfang" ist zusammengesetzt aus den zahlen 10, 25, 50, (vexierbild), durch dünne linien getrennt. aller übriger Text klein und sekundär behandelt. das interesse ist geweckt, man möchte wissen, was die zahlen bedeuten. der übrige verfügbare raum ist weiss gelassen.

109

piet zwart

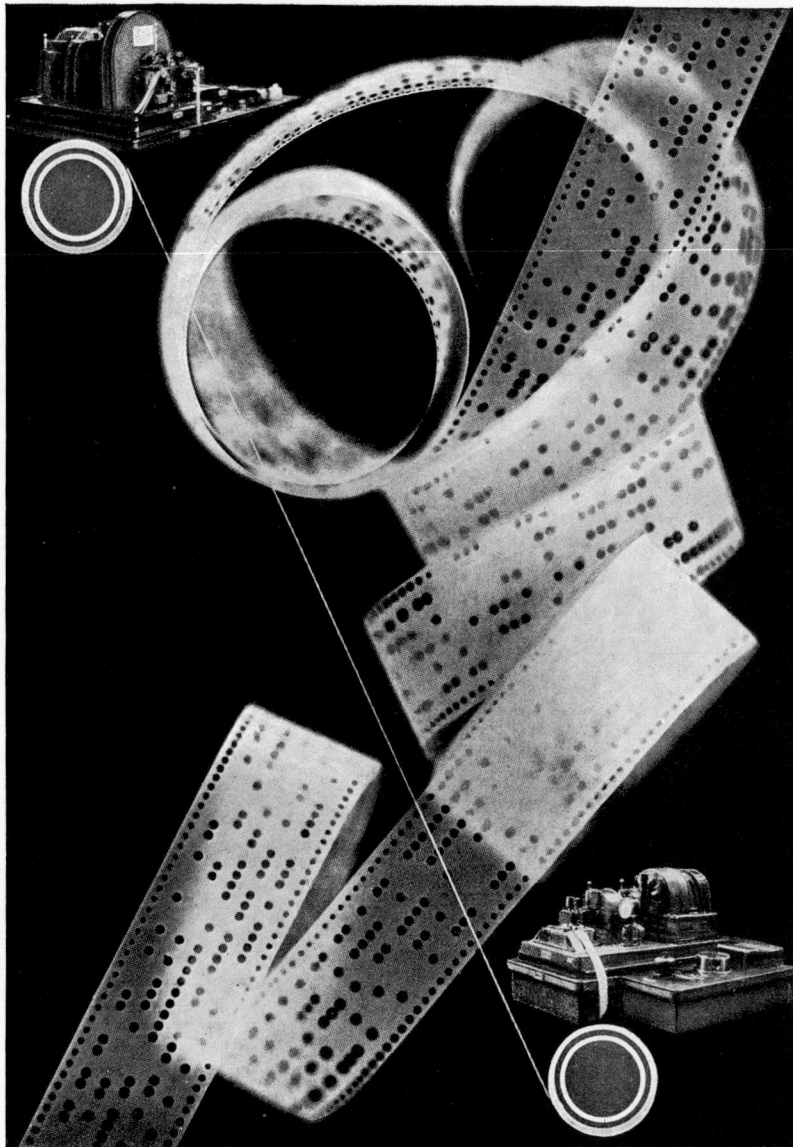

VIA
SCHEVENINGEN RADIO

eine seite aus einem werbeblatt für das reichs-funkamt. fotogramm eines telegrammstreifens. sende- und empfangsapparat links oben und rechts unten. die beiden kreise (rot im original) stellen städte vor (wie in einem schulatlas). die diagonale bezeichnet die direkte ver-bindung zweier städte. die im original rote unterschrift tritt durch die schräge stellung erst an zweiter stelle in erscheinung. sie ist in beziehung gesetzt zur diagonale und der in dieser liegenden beiden bezugspunkte.

110

piet zwart